睿观察

素质教育行业的2020

睿艺 著

企业管理出版社
ENTERPRISE MANAGEMENT PUBLISHING HOUSE

图书在版编目（CIP）数据

睿观察.素质教育行业的2020 / 睿艺著.-- 北京：企业管理出版社,2021.12（2023.3重印）
ISBN 978-7-5164-2518-3

Ⅰ.①睿… Ⅱ.①睿… Ⅲ.①素质教育-研究-中国 Ⅳ.①G40-012

中国版本图书馆CIP数据核字（2021）第232811号

书　　名：	睿观察·素质教育行业的2020
书　　号：	ISBN 978-7-5164-2518-3
作　　者：	睿　艺
责任编辑：	尤　颖　　黄　爽
出版发行：	企业管理出版社
经　　销：	新华书店
地　　址：	北京市海淀区紫竹院南路17号　　邮编：100048
网　　址：	http://www.emph.cn　　电子信箱：emph001@163.com
电　　话：	编辑部（010）68701638　　发行部（010）68701816
印　　刷：	北京盛通印刷股份有限公司
版　　次：	2021年12月第1版
印　　次：	2023年3月第2次印刷
规　　格：	710mm×1000mm　　1/16开本
印　　张：	16.5印张
字　　数：	240千字
定　　价：	158.00元

版权所有　翻印必究·印装有误　负责调换

前 言
Foreword

素质教育培训行业在重构中跨越、成长

2020年,素质教育培训行业迎来了发展史上最大的危机,关闭校区、裁员降薪、学员退费甚至成为一部分机构的主要工作。

苦撑大半年后,素质教育行业终于迎来复工复课。

一部分素质教育机构将这场变化视作加速发展的契机,积极转型线上、接手帮扶关门跑路的同行机构的学生。

创业者、投资人、政府相关部门、第三方SaaS平台、家长、媒体等共同构成了2020年素质教育行业的全景图。

在睿艺看来,2020年是素质教育行业发展的拐点:环境的变化加速了素质教育行业出清,大而不强、管理混乱、运营差、教学和服务口碑差的机构倒下;同时,在政策文件规范、家长消费认知的提升下,共同促进了行业拐点的到来。

"重构",成为素质教育培训行业2020年的关键词。家长意识重

构、健康，成为所有人的首要关注点。

素质教育培训行业从业者被重构。之前在内心排斥、否定的在线化、数字化管理、远程办公逐渐被习惯，并成为日常生活的一部分。

行业格局被重构。大而不强的、教学和服务口碑差的机构加速出局，大头部机构加速扩张，教育巨头跨界布局。

政府端，既有对素质教育行业的鼓励性政策，也有对教育培训行业的规范性政策。素质教育机构在合法、合规的基础上，积极主动合规，遵守教育主管部门相关规定。

从没有哪个时代像今天这般，素质教育行业的发展既面临着巨大的挑战，也面临着巨大的机遇。过去的2020年，破产跑路与扩张增长并存，线上与线下从互斥到融合。2020年是一个去伪存真的年份，消费者用真金白银投出了他们支持和信任的机构。

这段历程让从业者从热钱奔涌的疯狂中冷静下来，对盲目扩张、销售导向的运营方式做出改变。

2020年对素质教育培训行业来说，是一个里程碑时刻，睿艺特用此书记录下部分企业负重前行的画面和故事，同时感谢俱牛伙伴对本书的参与和支持。

目 录
Contents

素质教育代表企业发展   1

新任掌舵人如何带领瑞思教育逆风翻盘   1

小班课"坚守者"：八年稳扎稳打，
   鲸鱼外教培优向盈利迈进   16

从落子机器人教育至今，盛通教育已形成
   科技教育产业的"马其顿方阵"   31

素质教育行业的"川军"代表——创世纪，
   如何重塑教育综合体生态   47

五年的勠力前行，编程猫先破圈再破局   59

乘风破浪16年，"自我进化者"希望美术教育
   如何穿越周期   74

对赫石有着里程碑意义的挑战，
   "教"会了赫石什么   89

I

2020年素质教育行业的转与机　　　103

走出至暗时刻：经受锤炼，秦汉胡同"双轮驱动"
　　重新出发　　　103

打破行业魔咒！爱德米乐如何建立艺术教育行业的
　　标准化，实现规模化扩张　　　108

全部外教滞留海外，卓美如何熬过难关　　　115

童画森林逆势生长的经营之道　　　120

狮王教育黑客数学12年积淀，优秀教师续费金额
　　高达百万元的秘密　　　124

营地教育"祸兮福兮"的一年　　　130

2020年素质教育行业大事记　　　141

素质教育代表企业发展▶

新任掌舵人如何带领瑞思教育逆风翻盘

对于很多传统的线下机构而言，2020年注定不平凡，"上半年自救，下半年疗愈"是尤为真实的写照。自2020年年初起长达半年的停课时间中，有一些机构被高昂的成本彻底压垮，从行业消失；有一些努力自救，勉强维持运营；也有一些在危机中寻得转机，实现升级，不仅活下来且活得更好。

瑞思教育（以下简称瑞思）或许正是后者。2020年年初，瑞思刚刚迎来它的新任CEO王励弘，就要面临一场严峻的考验，如何快速解决停课学生的课程进度问题、如何稳定内部员工、如何为几百家关停的校区创造新的营收……接踵而至的问题摆在了她的面前。经过数十天的攻坚战，在她的带领下，瑞思迅速完成数字化，并在随后的时间里不断迭代升级。

跨界而来的王励弘，用实际行动和亮眼数据打赢了这场"生死战"，数字化的成功变革使瑞思摆脱了传统的线下教育培训机构（以下简称教培机构）的标签，成为一家全新的线上线下融合的新型教育机构。

新CEO上任，瑞思迎来发展新纪元

2020年1月4日，新的一年刚刚开始翻页，瑞思似乎也开启了一个新的纪元。在这一天上午，瑞思正式对外公布，董事会主席王励弘将出任CEO，原CEO孙一丁退任后将留任董事会副董事长；同时，竺稼被重新任命为董事，并担任企业治理与提名委员会主席。

对于瑞思CEO的职位而言，这是一场"迎新"；但是对于瑞思自身而言，王励弘却是一个极为熟悉的伙伴。

加入瑞思前，王励弘在贝恩资本工作13年。在贝恩资本期间，王励弘曾负责贝恩资本在亚洲特别是在中国的多项投资以及投资项目投后的管理工作，这其中包括瑞思在内。2013年，在瑞思的创始者们想要寻找投资人之际，贝恩资本也正在寻求教育领域潜在的投资机会，双方一拍即合，达成股权收购，而此事的主导人正是王励弘。这是王励弘与瑞思之间的正式相遇，也是彼此熟悉的开始。2013年9月起，王励弘开始担任瑞思非执行董事长；2017年10月，她被任命为董事会主席；2019年12月，王励弘从贝恩资本辞任董事总经理职务，并在2020年1月4日接任瑞思CEO一职。

两天后，即2020年1月6日，王励弘首次以瑞思CEO的身份出席媒体见面会，这意味着瑞思或许会迎来一番全新的商业化之路。

从"坐在副驾看地图"的投资人到真正掌舵的实业CEO，可以说，这一次王励弘走到了商业链条的最"前线"。她表示："我希望能把过去积累的经验实践到教育上，这是特别有意义的一件事。另外，到底在哪个行业我想了很久，最终选择了教育领域，是因为教育能影响一代代年轻人甚至整个中国的未来，故而继投行投资监管之后，教育在我看来是一个更理想的实现价值的领域。"

之所以选择瑞思，是因为王励弘对瑞思教育理念的认可，希望让这种创新的教育理念影响更多人。此外，瑞思的转型升级不仅需要懂教育的人，还需要此人有兼顾商业化、数字化和互联网化的运作能力，很难找到完全贴合的职业经理人，而"跟瑞思的同事一起，把瑞思带到一个全新的高度"则是她现阶段最大的期望。

在以新任CEO身份登场的初次媒体见面会上，王励弘提出了打造"科技赋能的国际化综合素质教育平台"的战略方向。她解释："对教育行业观察多年后，我自己的看法是，包括零售、电商在内的其他商业领域的数字化甚至智能化发展已经显现，它们在千人千面、智能决策、品牌数字化营销等方面的成绩，已经有目共睹，教育领域在这个方面相对滞后，但发展方向无疑一致。"

从当前整个行业的发展趋势来看，学生从没有学习资源到有学习资源已经实现了一次行业的高速发展，但是在资源极为丰富的情况下，如何让学生的学习体验和老师的教学体验更好，数字化之路是必经的一个过程。对于全面数字化，瑞思提出了四个方向，一是跨出现有课堂，把更多资源分享给更多的人群，线上线下结合也是必然的趋势；二是提高教学体验，不管是e-Learning还是Teaching，让大家的教学感受更好，效果更突出，老师和家长、学生有更强的连接；三是升级Rise+一站式智能学习平台，对每一个学生在每一个阶段的学习情况进行更为准确的数字化分析，为下一步打造个性化学习提供基础；四是系统的升级，教育公司是内容公司，也可以是科技公司，所以在系统升级方面，提到了科技赋能的三个领域——科技赋能学员、科技赋能老师还有科技赋能运营。王励弘指出，未来希望在招生的时候，用数字化的理念做品牌营销，做量化管理；教学过程中，让学生有更好的体验，老师在 e-Learning 系统里不断自主学习，提升自己的技能；同时在后端，通过 COS 系统、e-HR 提高管理的质量与效率。

数字化建设加速，品牌营销跳出"围墙"

在瑞思提出全面数字化战略后不久，教育部于 2020 年 2 月 14 日发布国务院教育督导委员会办公室关于严禁任何校外培训机构近期以任何形式开展线下培训的紧急预警，数字化升级迫在眉睫。全面停课之际，瑞思体系内的数字化按下了加速键，每一分每一秒都不容浪费。

据了解，王励弘在上任的第一天就要求所有员工开始使用钉钉和电子名片，从小事开始转型，在此前已经准备好整个 HR 部门与钉钉接轨；同时安装运营数据大屏，加快对数字的采集、分析、反馈以及决策等，一系列举措为后续的发展奠定了基调。不过，原本有条不紊进行的改革在被迫的情况下按下了加速键。

2020 年 3 月 3 日，瑞思曾举办"数字化战略解读暨瑞思在线小班课发布"线上媒体沟通会，王励弘提出，社会环境加速了线上化的过程，然而线上化并不仅仅是在上课的时候需要在线上达成，所谓数字化，应该是在包括教学、品牌、营销、运营、产品、服务等在内的多个环节逐步推进整体转型。

在教学环节，围绕线下教育的核心，补充线上适宜的内容及产品，将更丰富的内容和课程以最适合的方式交付给学生，同时围绕 Rise+ 做好线上家辅，增进家长、学生和老师的沟通，逐步为学生打造更具个性化的学习路径。同时，业务的数字化要有强大的管理平台支撑和赋能，当中后台有了更好的、更智能的数据和管理工具时，就能够为下一步的跨学科拓展打造良好的基础。数字化对教学环节的赋能非常明显，一方面，可以监督学生学习过程，看到可视化的学习效果；另一方面，可以提供个性化、定制化的学习计划。

在前端的品牌推广、营销上，增加视频、直播、线上小班课等多种形式，利用不同的渠道和方式扩大影响力，包括用线上转介绍、口碑裂变、社群营销等手段吸引潜在客户，以更好的方式将瑞思的理念、教学方式传达给家长，吸纳更多学员进入瑞思。伴随着数字化的发展，瑞思后期的营销获客场景基本实现了线上线下双向共振，结合线下积累的十余年招生获客经验，瑞思在 OMO（Online-Merge-Offline）转型的过程中尝试了很多全新的、丰富的渠道，其中包括对社群运营、影视 IP 营销、异业合作、直播带货、短视频宣传等新方式的探索。从获客到转介绍、续费增购、扩科内部转化，围绕"聚流量、重复购、更精准"，打造了线上线下融合的全新流程运营模式。如在 2020 年"双 11"活动中，瑞思借助双线联动的方式实现了成交量增长 1250%，成交额增长 1000% 的收官成绩。

经过这次洗礼，数字化的加速实现就是瑞思的"凤凰涅槃"，而新生也并非一帆风顺。

王励弘直言："通往完全数字化的过程确实挺难。"

她指出，2020 年整个社会、经济乃至消费行为都受到了一定的影响，整个教育市场处于震荡之中,各种尝试都在进行,没有明确的或者一定正确的方法和模式。因此,如何制定战略、界定自身业务的边界、培养新的能力、提升全体认知、构建组织、改造流程、建立支持系统乃至激励团队都是需要解决的新课题。

此外,整个改革必须获得董事会的支持,衡量资本的投入和产出、以及短期和长期的平衡。再则,家长的接受度也是问题,一方面他们需要高质量的教育服务,另一方面他们往往容易被营销驱动,或者落到实际的提分功效上来。

从组织和人的方面看,也面临着一定的挑战。瑞思原来的运营精细化程度很高,已经打造成一个链条,团队基因偏线下业务,但线上和线下的流程是不一样的,团队原先的链条不一定适合线上的模式。王励弘解释:"我们最开始做线上课的招生,发现线上体验的流程环节特别多,但是因为过去的成功,反而容易使我们形成对过去路径的依赖。在转型过程中,大家还是很容易回到线下的传统链条模式里去。刚开始他们对线上的打法不够熟练,比如社群,他们不知道该怎么打造和运营,可能用户进群了却没有活跃度,没有活跃度就无法转化,所以,我觉得对一个新世界的认知,需要通过实践去学习,通过新的人、新的能力塑造。"

为了进一步推动数字化转型和搭建科技赋能平台,瑞思正在搭建属于自己的新基建。王励弘表示:"新基建的存在不仅仅是为了搭建在线办公、在线培训场景等,我们要做的更多,如智能教室甚至移动教室等。新基建是一条很重要的路,而我们也正在路上。"

无论如何,这场挑战也让王励弘再一次确认了数字化转型对于企业的关键性。也正是果决与迅速的数字化转型,瑞思在面临全国校区停课的情况下,依旧可以临危不乱,可以进行全面的线上转移,可以推出全新的在线产品，进而创造出新的营收点。

472个校区全部停课，20天攻坚战迅速推出在线课程

2020年1月20日，武汉校外培训机构已经陆续宣布停课；1月23日，武汉宣布封城。

停课、封城，王励弘深刻感受到这次挑战的艰巨："对于国家而言，这是一场斗争；对于瑞思而言，则是关乎企业生死存亡的问题。"

2020年1月26日，正月初二，王励弘当晚召集了瑞思的所有高管团队，商讨该如何面对挑战。1月28日，瑞思官方公众号发布公告："为给予孩子最大的保护，瑞思积极响应并落实政府和教育局的部署，暂停所有线下课程；同时考虑到授课的连贯性，将于2020年2月3日陆续启动课程线上化；2020年2月17日开始，将陆续开通线上授课模式，将线下班课内容转向线上，以直播的形式，和小学员们在'空中'开始一场别致的英文思维之旅。"

"延期开课，停课不停学"公告发出的同时，瑞思全体员工也开始了这场与时间赛跑的"战疫行动"。考虑到这场挑战的持续性，王励弘当下判断线下可能很长一段时间无法复课，线上化则成为必然。为此，瑞思提出了四点：第一，在线办公；第二，线上课程搭建，对比线下课程，线上课程要求精简、知识点明确且互动性强；第三，教师线上化，原有的线下老师通过e-Learning接受线上教学培训，学习新课程和线上上课方式，进而转变成合格的在线老师；第四，数字化的教学工具，瑞思升级了Rise+平台，使其成为面向全国学生的一站式智能学习平台。

截至 2019 年 12 月 31 日，瑞思的线下校区达 472 个，其中直营校区 89 个、加盟校区 383 个。将近 500 家线下校区停课且复课时间完全未知，这无疑给线上化带来极大的挑战。

为加速在线化，瑞思第一时间成立了"凤凰项目"，唯一的目标是把教学搬到线上，让线下的瑞思学员能在线下闭店期间通过在线继续学习，做到停课不停学，期间一个关键的决策是线上授课一定要有自己的平台，因为只有这样才能为瑞思搭建更高的竞争壁垒。

王励弘解释："项目名称的思路来源于'凤凰涅槃'，我们相信在这个危机中，如果能把在线化做好，瑞思将成为一家更有活力的新机构，所以当时起名叫凤凰项目。"

凤凰项目以项目小组的形式汇集瑞思内部多个领域的优秀人才，跨部门团队协作不断推进项目进展，一共分成三个小组，小组有 PMO（项目管理负责人），也有内部总指挥，每天上午九点进行会议讨论，共享进展，并做出下一步安排，包括在线适合什么课程、课程的难易程度、如何测试、班级如何调整等。据介绍，第一小组是学术小组，主要负责线上课程研发、线上教师培训等；第二小组是技术团队，将瑞思原有的平台作进一步开发；第三小组是运营团队，负责直营校区所有的在线运营，包括技术的沟通维护、排课、家长通知等。

在谈及项目制运营所带来的优势时，瑞思 COO 邰慧认为项目小组更加机动灵活，能够有针对性地迅速完成组建成立和解决问题两大动作。在项目结束后，小组将阶段性解散或重新投入新的项目当中。邰慧说："项目小组式的精细化运营手段可以针对不同的项目设立不同的目标，通过局部突破的方式，最终有效促进项目整体效果和公司运营绩效的双维提升。"

"凤凰小组"20天攻坚，用时4周即推出了跨年龄段的多种在线课程产品。从教研学术、教师培训，到技术破局、平台支持，再到家长沟通、细致服务，"凤凰小组"让瑞思的线下转线上战略有序、高效开展。

与时间赛跑，但并不仓促而行。在停课的第一时间，瑞思从学生家长的需求、线上技术等层面对产品进行了外部和内部的前期调研。调研后，瑞思即刻行动，利用自有的技术平台，基于以往经验和家长的迫切需求，加紧课程研发。"在整个过程中，我们将课程研发、教师培训等工作同步进行。"在瑞思学术高级副总裁袁雪看来，这是一场属于全员的7×24小时战斗，共同推进瑞思再一次向前迈进。

最终，在2020年2月17日上线"瑞思在线小班课"，可以说，这是瑞思数字化战略产品端的里程碑式突破。

3月9日，全国校区全面开课，打响了线上全面复课战，线上复课率达90%。而在"瑞思在线小班课"正式推向全国之前，课程从一个班到一个班、一个校区到一个校区、一个城市到一个城市，经历了无数次试课。

王励弘曾到北京朝阳大悦城校区走访，当时校区的16间教室都是老师在线上上课，她表示："我特别骄傲瑞思现在有一个线下线上双线的教师团队。而瑞思线上复课率之所以如此高，很大原因在于跟纯线上比，学生与老师本就熟识，在线下已经建立了紧密的关系，所以线上特别亲切，这是线下带去的凝聚的力量。线上课一定也要做线下活动，将大家连接在一起。"

袁雪也曾表示，在刚推出该课程时，有一部分质疑的声音认为线下老师做不好线上教学，但事实上，线下老师进行线上教学有其特有的优势,"原老师"的设计会保证线下积累的师生情感并不会因为教学形式的变化而出现断层;此外,线下老师在教学互动性上的表现更具优势。她举例,一个还在广东老家的瑞思老师,利用家乡的甘蔗给学生制作了多样教具,将制作好的每一段写上学生的名字,以此开展良好的课堂互动;瑞思幼儿阶段的老师,通常是能歌善舞的,他们能将这些才艺很好地迁移至线上。此外,瑞思提出了38条好老师自查表,合格率高达90.78%。不同于主打"名师"的教学,在瑞思所强调的标准化的背后,师训显得尤为重要。

自上线以来,"瑞思在线小班课"参与量已远超8万节。在此基础上,2020年5月中旬,瑞思进一步推出"中、外教精品在线小班课",以中、外教共同授课的教学模式,进一步满足家长和孩子们对在线学习的需求。

"中、外教精品在线小班课"由中教、外教老师1:1课时授课,涵盖主题启蒙类、自然拼读类、听说类三大类课程。据介绍,瑞思的外教老师均来自以英语为母语的国家,并持有TESOL、TEFL等国际专业英语教学资格认证,拥有扎实的英语教学技能以及丰富的课程教学经验;同时,外教老师也将在课堂中借助丰富的肢体语言与有趣的教学道具为孩子们营造轻松愉快的课堂氛围,让孩子更好地融入学习环境之中;中教老师则将承担"组织者"的角色,依托于瑞思完整、系统性的教学培训,帮助孩子进行充分的语言输入,为孩子们提供个性化的"全流程"辅导,使孩子能够充分理解课堂内容,更加扎实地掌握知识。

此外,考虑到孩子们的成长及认知规律,瑞思"中、外教精品在线小班课"在课堂中设置了充分互动,不仅有传统的师生、生生互动,还增加了角色扮演、学生上台等互动场景。例如,孩子们可以根据自己的喜好选择不同的卡通动物角色,共同完成一个主题扮演,小朋友完成角色扮演之后还可以相互之间进行评价，真正实现团队合作。

从"瑞思在线小班课"到"中、外教精品在线小班课"，这是瑞思 OMO 战略的再一次飞跃。将时间往前拨，关于在线教育，瑞思并非第一次尝试，但眼下的突破也离不开前期的经验沉淀。早在 2015 年 7 月，瑞思已开始布局线上，推出"Rise Up"在线美国初中课程、在线外教 1 对 1 口语课程 Can Talk 等一系列线上课以及"Rise+"一站式智能学习平台，此时瑞思的 Online、Offline 各成一派，线上课跟线下课较为独立，这是发展的第一阶段；第二个阶段的重点是辅助的关系，2019 年瑞思推出了线上家辅系统"Rise+"，为学生提供学习资源和课后复习素材，主要表现为线上辅助线下；而现在，正是如王励弘所说的真正做到了线上线下教学融合的第三阶段，此时的线上线下有相互的联动，同时也有希望做到无缝切换。

从筹备线上课到实现线上全面复课且不断迭代出新的产品，瑞思顶住冲击，实现了全面彻底的转型。而在整个过程中，袁雪表示团队经历了一些挑战，在技术上，系统经过不断调试后目前已实现稳定；在研发上，针对现阶段学生家长的需求，在课程交互方式、节奏感等方面进行了调整，并逐步将课程模块化；对于老师而言，高强度、突发性的工作也带来了巨大的挑战，几千名老师同时在线培训，真正去适应新的授课模式。

"很多同事在大年三十就开始投入工作，接连不断地开会，提出问题、解决问题、快速实施、反馈、再调试，整个链条始终在有条不紊地进行，最终才有了现在的在线产品。"袁雪回忆，"这段时光虽然充满挑战，但也永远值得怀念。"

线下全面复课后，教培机构如何应对

漫长的5个月过去了，在经历了150余天的沉寂后，瑞思的线下校区终于传来了线下复课的喜讯。2020年6月开始，瑞思位于上海、广州以及无锡等地区的所有直营学习中心逐步开放，9月底，北京以及石家庄作为最后一批复课地区也实现了全面线下复课；加盟体系亦全面恢复。

2020年9月19日，位于北京惠新西街的华堂校区曾进行了一场开放体验活动，更为直接地展示了复课后的校区状态，消毒、测温、登记有条不紊地进行。校区校长介绍道："为筹备复课，校区从环境到教工防疫再到家长须知，都进行了充分的准备。以环境为例，开课前，校区已聘请了专业的团队对所有设备进行清洁、检修和消毒；复课后，校区工作人员每天多次对各个区域进行消毒杀菌和通风换气。"这一场对复课的期待，从3月开始，一直延续到了9月才真正实现。

在复课后的课程模式上，袁雪表示，9月全部课程体系进一步做了OMO V2版升级，即课程在高年龄段采用周中线上课、周末线下课的形式，同一套教学体系线上线下分开进行；而低年龄段的学员则以线下为主，主要原因在于孩子与老师之间更需要建立起情感联结。在她看来，OMO已经跨过以往线上线下独立和辅助的两个阶段，并进入了线上线下融合的第三阶段，而这种融合应该是场景和教学的融合、知识与能力的融合以及数据与服务的融合，OMO加速的背后并不是单纯地转移到线上，增加抗风险能力，而是整个教育行业的大势所趋。

值得一提的是，从6月开始复课起，瑞思线下网络也逐步恢复正常。截至2020年9月30日，瑞思学习中心总数为496家，包括90家直营学习中心和406家加盟学习中心，这意味着相比6月1日，新增了11个线下学习中心，其中直营中心新增 2 家，加盟学习中心新增 9 家。

尽管线下已经实现全面复课，线下扩张也开始同步进行，但是突来的变化给线下培训机构带去的长达半年的冲击显然不能使其快速恢复生机，线下教培机构依然面临巨大的挑战，这种挑战是新行业环境下的战略调整问题，也是在推动复苏和重新获得生长力方面的全新部署问题。

一直以来，招生是教培行业的重要指标和衡量点，但是在 2020 年上半年，新招对于线下机构而言几乎完全空白，营收也大打折扣。为此，推动复苏和重新获得生长力成为其下半年的重要发力点。

对于瑞思而言，王励弘表示，内部做了很多的工作以激励前线招生。她发现，这个时代的家长在机构选择上越来越谨慎，往往先体验后做决定，故而瑞思将原有的课程进行了四期拆分，即用户可以通过长达一两个月的时间进行试课，然后再进行下一步的选择。王励弘说："这种方法并不需要大规模地烧钱，实际上，如果产品好的话可以进而带动大量的转介绍，再搭配线上营销手段，如私域流量搭建跟社群运营，并通过在抖音、快手和其他新的网络平台进行直播、发送短视频等方式在招生方面进行多样化的尝试。"

从瑞思已经发布的 2020 年二季度以及三季度财报可以发现，相比一季度，二季度常规课程（包括"Rise Start"和"Rise On"课程）新注册学生 3749 名，另有 1185 名学生注册了其他在线课程，比上一季度增长了 500 多人；三季度常规课程新注册学生数为 8328 人，增长率达 122%，另有 1183 名学生注册了其他课程。

尽管招生并不是当期就能实现收入，但从数据的增长可以看出，瑞思在逐步摆脱阴影，恢复生命力。正如王励弘所说，这印证了整个市场需求依旧旺盛，同时也印证了度过危机之后的瑞思在用户群中有高度的信任感。

与此同时，王励弘认为当下的市场需求并没有变，很多家长急切想回到线下，同时瑞思也有线上课程，可以同时满足多种需求，这表明瑞思面对的市场更大，存在更大的潜在机会和市场份额。此时需要做的不是疯狂砸钱获客，因为砸钱攫取流量并不意味着可以实现高效转化，需要的是积极做好精细化的运营，"向精细化转型是接下来的方向"。

当市场面临的竞争更为激烈时，获客的难度和成本同步增加，此时如果想要挖掘更大的商业价值就必须在成本端尽可能地减少，并且在收益端尽可能地增加。为此，王励弘表示，跨学科扩科实际上是希望为已经在系统里的学生根据其需求提供更多的学习机会，同时也能达到比较好的收益。

经过此次危机，王励弘断定市场会变得更加活跃，整个教育市场也在不断扩大，这个过程中越来越多的企业积极地提供在线课程，包括AI课等；但同时也有部分机构破产倒闭，随着周围很多中小企业的消失，他们以前服务的家长、学生必然要找到更可靠的机构，所以对于头部企业来说，增速可能比市场平均速度还要快。

整个教育市场不断扩大意味着线上线下均存在机会，从线下布局来看，覆盖远远不够。王励弘表示："去深圳、上海的时候，可以发现这类市场周边往外扩的地域的实际教育资源也是非常好的，且都到了孩子要寻找教育的时间了；而上海和深圳这样的城市国际化思维和支付能力都很强，对于教育的需求非常旺盛，类似于北京2015年、2016年的状态，这个时候线下门店的覆盖远远不够。"这之后在线渗透率明显增加，增长速度也加快了，因此，在她看来，"教育培训这个赛道依然很年轻，素质教育正处于'黄金时代'"。

不过，对于瑞思而言，眼下最为关键的是推进现有业务的全面恢复，在提高效率、保证运营水平健康的前提下追上2019年同期甚至超越，同时在超越的过程中搭建包括OMO、AI等在内的平台。

◎结语

在2019年这个特殊的年份，瑞思从提出"科技赋能的国际化综合素质教育平台"战略方向到完成数字化转型升级仅用了数月的时间，而这次危机之下的加速转型也意味着瑞思迈步进入了3.0时代，即从起步的1.0时代到贝恩资本投资后高速发展的2.0时代，再到如今王励弘带领下的数字化、跨学科的3.0时代。

一直以来，瑞思秉持"全人教育"理念，培养面向未来的国际化人才，并提出了构建卓越而有温度的教育共同体的愿景。此次，在全新的战略方向下，作为瑞思新任掌舵人的王励弘表示将进一步推动数字化战略升级，优化业务与服务的全流程，持续以科技赋能素质教育新发展。对于未来的憧憬，她透露："希望未来5至10年，瑞思可以进入百亿收入梯队，同时为更多的学生提供跨学科、线上线下自由切换的学习平台。"

小班课"坚守者":
八年稳扎稳打,鲸鱼外教培优向盈利迈进

八年时间,三次更名,一个活跃于小圈子的少儿英语培训机构北极光网校开始慢慢出现在大众视野中,并获得投资人的青睐,经历了三年的商业化运营之后,成长为当下的鲸鱼外教培优(以下简称鲸鱼)。从最初的北极光网校到如今的鲸鱼,这中间的跃迁是一份亮眼的数据——团队规模超1000人,单月营收破1.5亿元,首单UE盈利15%,现金流连续两年全年为正。

如果将鲸鱼的发展看作一条不断向前延伸的道路,那吴昊的加入必然是这条道路上的一个里程碑。

2017年11月,吴昊以CEO的身份加入了当时团队规模仅50人左右的北极光网校,接手后将其更名为柔持英语,并成立柔持(北京)科技有限公司。自此,柔持英语告别了最初由家长兼职创业的时代,正式迈入由吴昊带领的专业团队商业化运营阶段,并在次月完成由山行资本投资的1500万元Pre-A轮融资。

柔持英语是吴昊为自己设下的一个创业起点,也是原北极光网校发展的新起点。随后,柔持英语更名为鲸鱼小班,正式确立小班运营模式;2019年7月,再次更名为鲸鱼外教培优,确立了"培优"的定位,这也意味着其在市场中更为清晰的差异化价值以及更加坚定的目标。

温和且坚定的新领导者：
创业永远保持"饥饿感"，做教育永远保持初心

2011年，为了让孩子摆脱上一代人"哑巴英语"的阴影，一群寻求纯正美式英语教育的家长在"爸妈网"论坛相识了，他们结合自己的经验与心得，把一套"母语式的英语教学法"实践在自己的孩子身上。四年的兼职创业，产品历经一次又一次的改进优化，终于将鲸鱼外教培优的前身北极光网校这一在线教育产品打磨成型。怀着要让孩子得到最好教育的初心，北极光网校始终坚持着教学品质，做有效果的产品。

在这种使命感之下，北极光网校的产品受到了越来越多家长的青睐。但真实的创业从来都是举步维艰的，尤其对于兼职的家长创业者而言，更是如此。随着学员规模逐渐扩大，兼职创业的家长们在欣喜的同时，也在为无法提供更好的服务和教学体验而发愁。家长们在综合考虑自身各方面的能力和兼职模式的局限性后，决定为北极光网校寻找更合适的掌舵者。

这种心情就像是为了让自己的孩子有更美好的明天而让她远嫁一样，为了让北极光网校拥有更广阔的未来，也为了让更多的中国孩子能够享受到优异教学效果的产品，家长们苦苦寻求着有着相同教育理念和教育情怀的专业人士。

此时正值2017年，吴昊结束了51talk三年的高管生涯，也正在寻找在线少儿英语赛道中的创业机会，希望能够做出一款真正对孩子英语学习有效果的好产品。

在这样的背景下，双方一拍即合，好似命运的安排，"人"与"产品"在此时都遇上了合适的"另一半"。正是基于对教育使命感的认同和对产品的理念认可，吴昊以 CEO 的身份接手北极光网校，为自己，也为北极光网校开启了全新的篇章。

吴昊表示，接手北极光网校不仅仅是自我创业信念的践行，更重要的是延续最初家长创业者们乃至他个人的教育初心，不论是团队成员还是团队成员所反复打磨的产品，更为长期的教育使命在于不光教会孩子学习英语语言本身，而是用英语学习知识、培养思维，使其在较小的年龄可以达到一个"原版娃"的状态——英语听说读写能力强、爱读书、懂得多、思路活，启蒙孩子对于自己未来人生的规划和发展。

吴昊正式上任后，北极光网校曾先后三次更名，从柔持英语到鲸鱼小班再到如今的鲸鱼外教培优，每一次更名都是一次华丽的转身，更是对产品的定位和对未来发展更加清晰的判断。

2020 年，是吴昊带领鲸鱼发展的第三年。这三年，鲸鱼无论是在规模上、教学能力上，还是在配套服务上都有了质的飞跃；鲸鱼的发展也从行业十几名冲进前三名。随着公司晋升到一个新的阶段，吴昊也在不断思考如何平衡产品效果和公司商业化运营的关系。他希望能在好内容上继续延续教育的初心，坚持产品效果的同时，实现健康且规模化的商业运营。正如他此前所言，"一边开飞机，一边修飞机"，既要在原有产品上持续优化，也要在原有团队上不断优化升级。

吴昊回顾，在接手之际，由于发展速度快而掉队、理念不符等原因离开的初始团队成员不乏其人，但是不断学习与公司共同进步的"老员工"也不在少数。团队的优化升级是一家公司发展壮大的必经之路，而这个过程中正确和适当的考核机制则显得尤为重要。

在考核员工胜任与否时，吴昊认为价值观、学习能力以及专业经验在内的几个维度是核心："企业选人通常优先考虑专业经验，但价值观和学习能力往往更重要。"在他看来，价值观和学习能力是最基本的能力，具备这些能力的人才可以跟随公司一起成长。对于创始人和核心管理层人员，他认为除上述三点外，组织能力也尤为重要，原因在于"这是企业形成核心竞争力的关键，也是企业跨越周期屹立不倒的内在力量"。

与此同时，在接手公司之后的发展过程中，吴昊本人对教育行业的理解也愈加深刻，想清楚了三个问题：今天的教育企业光有教学产品不行，互联网产品的赋能同样重要；在竞争激烈的赛道中，出发之前先算好账很重要，否则企业长大了会有尾大不掉的问题，很难转型；战略就像下棋，可能很多人只看一步，但是如果想要跑赢就要看十步，以长期思维去决定做什么、不做什么、先做什么、后做什么。这跟公司大的业务目标，包括收入、盈利、行业地位等有很大关系。

对于管理风格，他用"温和且坚定"概括自己："在大部分情况下，不论是核心管理团队还是其他小伙伴，大家都有相应的空间，尽可能保持一个核心想法并且及时同步，这样可以自主判断价值和投入比；但在遇见关键问题需要做出决策的时候也不会被轻易动摇。"

从2017年11月起，吴昊在鲸鱼已满三年，逐渐发展壮大的鲸鱼成为他交出的一份优异的成绩单。在始终坚持产品效果的信念下，鲸鱼从当年50人左右的团队发展成一家超1000人的公司，累计服务学员突破100万人，并且实现了单月营收超1.5亿元的突破。

而作为公司的领头羊，在这三年迈步走的过程中，吴昊亦坦言，自己也经常处于一种焦虑的状态："一方面，作为CEO，需要考虑的问题很多；另一方面，在线少儿教育的快速发展和愈发激烈的竞争态势让我必须始终保持'饥饿'的状态，不断快速学习、快速升级。"不过，在一步一步走过来的同时，他表示，自己的创业精神被更大地激发出来，同时随着对行业和教育本质的理解更加深入，对公司业务的预判和未来的规划也更加清晰。

差异化的发展定位：以培优为目标，坚持小班外教直播

回望2019年7月16日，这一天鲸鱼小班正式更名为鲸鱼外教培优，"培优"被直接镶嵌在品牌名之上，定位更加清晰的同时，也显示出了鲸鱼对于"培优"的决心和产品效果的信心。一直以来，"外教"与"培优"的教学效果始终贯穿在其产品与课程体系之中，而在更名后，在这个少儿英语定位趋同的在线教育市场中，更加显露出了其差异化价值的优势。

之所以选择从"培优"角度切入并始终坚持这个定位，源于吴昊对这个市场的强大信心，他坚信这是一个具有强烈需求的市场，这种自信背后是调研数据的支撑和对市场的细致观察。在过往的市场用户调研中，数据显示，高达85%~90%的家长都希望自己孩子的学习水平可以显著或略高于同龄同学，培优显然是贴合用户诉求的；同时，少儿英语行业并不单纯依赖品牌广告，而更重要的是口碑推荐，家长在孩子处于5~9岁阶段的竞争意识不算强烈，在培优背景下如果产品品质好且效果突出，推荐给周边朋友的意愿度更高。

"培优"作为鲸鱼一直坚持的定位，并不是空中楼阁，其产品内容和模式为其搭建了稳固的地基。

鲸鱼的产品线从3岁左右的零基础一直延升至18岁英、美高中生水平，产品的厚度和年龄的跨度是一大支撑点。

在产品形态上,鲸鱼始终坚持小班外教直播形式,且强调三固定,这样的模式是为了更好地实现"培优"的教学效果。

鲸鱼教研负责人王东婧表示:"就语言教学而言,直播的教学效果更佳,因为直播能更好地实现互动,且这种互动并非单纯的跟读,更多的是基于思考的对答。"而从一定程度来看,相较一对一,班课是平衡用户的个性化学习效果和机构的经济模型更佳的产品形态。对家长而言,性价比更高;对于学员而言,大家一起学习有利于提高学习兴趣度,进而增强学习效果。

吴昊补充:"固定老师可以大幅节省老师与孩子之间的磨合时间,老师和孩子也能逐步培养感情,更易激发孩子的学习兴趣;固定同伴可以让孩子彼此很快熟悉并建立友谊,课中更容易形成合作、活跃气氛,课后也在作业和复习环节有更多的互动,有利于提升孩子的学习黏性;固定课表利于孩子养成学习习惯,也便于家长分配孩子的其他时间,同时免除了约课这一痛点。"三固定背后是复杂、高难度的后续运营。不过,吴昊坚持"教育和生意不一样,不能完全用市场做选择,三固定再麻烦、再困难,也必须坚持住"。

一直以来,鲸鱼坚持自身的产品哲学,作为产品最为本真的思想和最具区别性的元素,鲸鱼将其按照重要程度依次排序为产品真的有效、家长持续感觉到效果、孩子不排斥。"我们的产品一定是致力于提供更好的教育效果,没有其他的优先级,这是第一的优先级。"在这种逻辑下,鲸鱼更强调产品有效大于孩子喜欢,可以发现,比起强调游戏化的产品,鲸鱼的课件在流程设计上更加要求严谨和科学,每一环节都设置了教学目标,而要想将教学效果发挥到最佳,这期间离不开好老师、好内容和好教学方法。

在师资方面，鲸鱼所选择的都是有丰富教学经验和教学能力的来自英国、美国的老师，录取率仅为1%，现有外教老师约3000人。除了上述的硬性条件外，对于好老师鲸鱼还有一定的考量标准：第一，课堂上能否不断启发式提问孩子，主动引发其思考；第二，多举例和延展；第三，适度的幽默。

并且，为进一步保证教学效果，王东婧介绍："我们非常注重师资培训，内部培训主要分为入职培训、在职培训以及回炉培训。"其中，入职培训包括平台操作、软件使用、课前课后备课等基础问题，保持专人专科，直到考核成功才允许入职；在职培训由优秀的教师作为主讲进行定期的经验分享；回炉培训最为关键，鲸鱼内部设有专门的质检团队，定期观察老师上课，重点关注老师的讲课内容是否符合教学要求。如上课期间老师是否针对某一部分课件提出有深度的问题、课堂是否引导学生进行互动等，如果出现不合格问题则被要求回炉重点培训，直至完全合格方可继续上课。

内容方面，鲸鱼目前已与美国国家地理学习出版社、牛津大学出版社等达成合作，引进了英国、美国当地学校的原版教材，并且采用原版阅读的母语式教学法构建课程，让孩子从学英语，变成用英语去学。

值得一提的是，鲸鱼在教学上尤其强调课前预习和课后复习环节，要求课前100%预习，能够熟读文章，提前做大量输入，课中则强调高质量的输出。"如果不预习，课堂效果一定会受影响，因为我们的内容密度较大，课堂上注重讨论、启发和交流碰撞，而不是文章的跟读和简单问答。"吴昊解释，"这样的教学方式，不但会让课堂的利用率更高、教学效果更好，同时也会帮助孩子从小养成自主学习的好习惯。"

除了让孩子的学习更有效果，家长作为决策者和购买者，让家长持续感觉到效果也很重要。因此，吴昊认为："好的产品需要持续不断地给予家长效果反馈，让家长看到孩子学习的积极主动性以及可量化的进步和结果呈现。不管是国际考试还是国内公立学校的考试，好的产品除了知识点的补充拓展外，也要直观地呈现在成绩上，成绩的外化可以让家长更直观地感受到效果。"

而之所以能做到这些，教研环节尤为重要，扎深根才能结硕果。在课程体系上，鲸鱼选择了市面上并不占主流的ELA体系，主要是希望通过英语母语式的学习体系，让中国孩子的英语能力达到英语母语国家孩子的水平，做到当成一门语言灵活运用，而不是只用来应试。鲸鱼的课程是通过精读文章的方式学习语言，同时使用美国公立学校的课程与体系，这种已经经过成果验证并且进入校园的课程，更具体系化和实用性。

王东婧解释："目前主题式学习较为常见，不过鲸鱼不仅仅是日常场景的练习，更多的是针对社会科学、自然科学等知识进行教学。"她以G4级别讨论的一篇文章为例，"金字塔为什么是三角形"其中所涉及的问题不仅仅是金字塔从何而来的历史问题，还包括三角形为什么最稳定的物理知识以及金字塔如何排水的水利工程问题等，极其丰富的知识点和极大的知识密度使得在同一时间段的学习下，学生的知识能力、语言能力和视野都大大提升了。

然而，美国教材意味着更适用于美国本土学生的学习，内容大、全日制且是线下课程，这些问题给教研团队也带来了巨大的挑战，"如何线下课程线上化，如何更加贴合中国孩子的学习"这些问题都被摆在了眼前。为此，王东婧在2017年加入鲸鱼时，就开始着手搭建更加完整且标准化的课程体系，对原课程进行二次调整，在保证语言点完全一致的情况下，去除本土文化和知识拓展类内容，同时进行适当调整和补充，在教学方法上层层递进，使其更适合中国孩子的学习。

精细化的运营：用产品效果吸引流量，进而实现规模化增长

对于想要长久发展的在线教育机构而言，有优秀的管理团队、优质的产品依然不够，不会算账也很难走远。在这种长期价值主义下，鲸鱼一直保持着在线教育行业里难得健康的经济模式。

自商业化运营以来，鲸鱼仅10个月即实现了正向现金流，并一直保持至今，2020年9月实现了单月1.5亿元的营收，10月宣布首单UE实现利润15%。而同时，鲸鱼在学员数量上也实现了近30倍的增长，累计服务用户突破100万人。

这个数据的背后离不开鲸鱼一贯坚持的以产品效果为导向的价值观。好的产品效果决定了用户的满意度，而用户的满意度决定的是高复购和高转介绍。高复购会带来更长的用户生命周期，更大的盈利空间；高转介绍则意味着更多的新用户来自熟人介绍，无形中会对产品和品牌形成信任背书，进而推动复购和新的转介绍。

基于产品效果的高比例复购和转介绍，鲸鱼在获客成本大幅度降低的同时，实现用户的规模化增长。在这样的优势下，即便公域流量的竞争越来越激烈，成本越来越高，鲸鱼在投放比例上也可以保持理性，获得健康的投放模式。

目前，鲸鱼的到期续费率年平均在80%以上，新增学员中来自转介绍的比例达到了70%。这是降低前端获客成本非常有效的一个方法。从行业平均数据来看，70%和50%的转介绍数据背后将意味着每月数百万元的成本差。吴昊表示，相比头部企业从一个意向用户到最后成为真实的正价课的付费用户，鲸鱼的转化率可能高出3~4倍。原因之一在于真实的转介绍比例高，原因之二在于体验环节中的教师水平和课程设计，目前一个付费用户的获客成本不到2000元。此外，在前端的获客上需要更高效的公域流量和私域流量运营，基于边际效益，目前市面上各种渠道的投放效率越来越低，意味着公域流量的回报门槛变高；而目前鲸鱼正在搭建自己的私有流量池，通过私域流量的运营，可以形成一个比较健康可持续的增长模式。

2020年下半年，鲸鱼在规模的增长上进入了一个全新的阶段。

在吴昊看来，鲸鱼已经跨过雏形阶段，并处于一种可以快速迭代和爆发的阶段。经过对初期班型、转化路径、产品、教研等的摸索，鲸鱼在下半年开始发力。2020年6月，鲸鱼单月营收破亿元，同年9月1.5亿元的单月营收再创新高，同时获客成本下降了近30%，这一份成绩是最有力的证明。

除了鲸鱼自身的打磨和优化，吴昊认为这种规模化的增长离不开正向口碑的传播。他解释，鲸鱼的体量在不断变大，知名度和市场占有率也有一定的规模，当正向口碑的密度越来越大，品牌则会形成自有传播。假设五个人中只有一个人说这事儿好，这件事在传播上会略显困难，但三个人都说好，剩下的就很容易被带动起来，实现正向的传播。而且，当体量足够大的时候，传播密度也会更大，进而带动爆发式增长。

吴昊坦言："鲸鱼以往的确在外部获客上没有投入足够的资源和精力，教研也无法支撑规模化的增长。不过，现在这两部分都有专业的团队去进一步布局，所以后期通过提效进行增速完全有可能实现。"

尽管已经完成三轮融资，但是鲸鱼始终没有选择传统的"硬广"的方式进行获客，他认为，在线快速获取流量不失为一种方法，但对当前阶段的鲸鱼而言，这并不是最佳选择："我们还是希望尽可能多地把资源投入到企业的长期发展上，而不是故事上。"

面对互联网巨头入场的沉重压力：不盲目跟风、找准自我定位

回想 2020 年年初，教育行业线下和线上构成了最为鲜明的对比，一边是万马齐喑，一边却是热火朝天。

当线下课程全部暂停时，全民上线成为必然，在线网课成为当时的最佳选择。在校内课程转移线上、线下教培机构转移线上的热潮下，在线上已经具备经验和基础的在线教育机构则迎来了行业"春天"。一时之间，整个行业似乎沉醉于免费课的狂欢中。不过，在最初一阵的"热闹"之外，不乏一群冷静的"旁观者"。

鲸鱼就是其中之一。与市面上铺天盖地的免费课相比，鲸鱼选择的是理性应对当前环境带来的挑战，同时更加用心地服务现有学员。吴昊表示，在这期间，鲸鱼没有盲目跟风推出大量公益类、营销类课程。与其仓促上线一些课程，不如调整好自己的资源和产能，服务好新增用户和老用户，专注自身产品的迭代，赢得自己的口碑。在他看来，教育要回归到本质上，要专注于打磨好自己的产品、服务，只有真正好效果、好口碑的产品才能承接住更长远的新增红利。当前环境提升了大家对于在线产品的接受度，在长达半年的停课状态中，大批以往没有接触过在线教育产品的家长在这个特殊的时期选择尝试在线。而从当时的市场环境来看，大多数家长也的确优先选择的是免费课程，但是不得不承认的是，如果机构短时间内上线的产品缺乏打磨，必然会对用户体验造成一定的损耗，甚至导致对在线教育完全失去信任。因此，能否真正把用户留住，运营和转化好，才是考验企业真功夫的标准。

此外，公立学校网上教学也在和教培机构线上课程同步"抢时间"，大量的免费课程将学生线上学习的时间大幅度拉长，基于孩子视力等因素，其实降低了家长现阶段购买线上产品的欲望。吴昊认为："在线教育机构要想吸引到这批新用户，关键在于能否提供优质的内容，能否交付出满足用户预期，甚至超出用户预期的产品。"

正如吴昊所言，整个2020年，鲸鱼按照自己的节奏一步一个脚印，在不大举赠课的情况下凭借产品口碑交出了一份优异的"成绩"单——2020年2月份的前半个月，鲸鱼新增用户已是1月的2倍，是上年同期的3倍；6月份，宣布单月营收破亿元；9月，单月营收破1.5亿元；10月，宣布首单UE（经济模型）利润15%，付费学员规模同比增长220%。

吴昊分析："无论环境变化与否，整个在线教育，尤其是在线少儿英语教育的趋势是不会变的；但是，这之后，线上和线下的中后部或者长尾机构将会面临很大的生存压力，甚至倒闭。"

在他看来，尽管在线教育迎来了新一波红利期，但是这种红利并非属于所有在线机构。一方面，当用户初次尝试在线教育时更倾向于选择知名度高、体量大的机构。另一方面，从资本角度看，投资方的资源往往集中在被投企业里，因为被投企业自身也面临一定的问题，如资金压力等，此时的投资机构往往很难有更多的富余资源支持中小型或者初创机构。两方面都加剧了中小型初创机构未来的不确定性，所以，更多的资本也会越来越倾向于押注更成熟的头部企业。

截至2020年9月底，整个教育行业的融资笔数下降1/3，单笔融资金额却翻了几倍，头部在线教育机构更容易获得巨额投资，中后部机构的发展面临更大的挑战。

不仅如此，一些互联网巨头的进场也在给整个行业，尤其是中后部的机构带去压力，而其中最大的挑战是集中于流量和人才的争夺。面对巨头的入场，吴昊强调："在人才方面，不建议在一些岗位上盲目地与巨头在薪资上比拼，要根据自身的特色和企业文化，给予人才足够的空间；在企业发展上，不要去追赶所谓的流量红利，这样的红利往往都是短期的，不能解决长期发展的根本问题。企业应该更多地想清楚自身规模化、健康增长的核心驱动因素：你的产品和市场之间是否达到了很好的匹配，我们到底对于用户来讲意味着什么。想清楚自己的定位，把产品的'护城河'做深。"

对于在线教育的创业者而言，互联网巨头进入已成为既定事实。吴昊说："当下最为重要的是想清楚自己的定位，在同质化的现状下走出自己的差异化路线，同时聚焦产品效果，持续投入资源，深挖'护城河'。这样才能做到即使面临强劲的对手，也可以在竞争中处于更具优势的位置并实现长期发展。"

突围少儿英语赛道：逆势完成1亿元融资，下一步冲刺行业最头部

2020年2月18日，鲸鱼正式宣布完成1亿元B轮融资。

在资本与环境双重压力之下，鲸鱼融资从A轮跨越到B轮。吴昊认为，这对公司而言具有里程碑的意义，对于小班模型也是又一次的正名。他解释，目前来看，基本上少儿市场可以分三个阶段：第一个阶段是3~5岁，这个阶段AI课成为主课或教辅课，因为家长对于学习效果的预期相对而言不高，即支付预期也相对应地降低，AI课短时高频且低价成为比较适合的场景；第二个阶段是5~9岁，这个阶段家长的预期更高，希望听说读写全面培养，在此情况下，直播一对一和小班会更适合，因为大班没有交互，难以实现个性化，相比而言，经济模型更健康的小班会占比越来越高，一对一要想盈利，不得不维持高客单价，对于大多数家长而言，他们并没有那么高的支付能力，更偏向于选择小班形式打基础或者搭配部分产品做专项提升；第三个阶段是9岁以上，家长开始倾向于应试。

吴昊判断，3~5岁的少儿英语培训是一个增量市场，但这个市场里各家机构之间的竞争壁垒并不高，原因在于家长预期越低，壁垒越难搭建；5~9岁会成为主战场，直播一对一和小班，尤其是小班会越来越占主导，未来将成为线上少儿英语机构的主流形态。他表示，希望在这个主战场里成为少儿英语小班课的领头者，在赛场越来越大的时候可以服务更多用户。

完成B轮融资时，领投方远洋资本副总经理、股权投资业务董事总经理林川曾指出，鲸鱼是远洋资本在股权投资板块投资布局的第一家在线教育类企业。在他看来，鲸鱼不盲目追求发展速度，不依靠纯流量打法陷入同质化的竞争，以清晰的"培优"差异化价值定位，回归到教育的本质；以产品真正有学习效果为目标，将更多的资源投入教育产品的打磨上。此外，老股东天使投资方山行资本也在本轮追加投资，创始合伙人徐诗非常看好鲸鱼的逻辑，并表示鲸鱼是在踏踏实实做事、做教育，在现有的用户基础和行业地位上，做深、做重，聚焦用户需求，注重产品效果。

在本轮融资的资金用途上，鲸鱼也再一次提到了产品质量的提升，同时也表示将提升服务效率。对服务方面，吴昊坦言："基于目前这个时间点来看，我们的服务还有很多不完美的地方，还留有很大的提升空间，不过，我们正在努力优化和改进，尤其在人和系统方面。"

首先，在人的层面，鲸鱼的班主任团队150人，吴昊表示，接下来将不断加强这个团队的服务意识和专业能力，同时给予定期培训，力求给家长提供更完善的学习规划和学习反馈。

他认为，教育离不开服务，如果仅仅简单地丢给学生一个App，然后自助点选解决问题不太现实，尤其是英语学习并不容易理解，这个过程中需要服务人员实时在线，家长亦需要随时了解学习的进度和状态。其次，在系统层面，上课平台以及课前、课后学习的App要提供稳定、及时的服务，比如用户做完预习和复习后可以得到老师及时的反馈，再结合班主任的频繁沟通，进一步解决问题。

此外，吴昊直言，相比于扩科，他认为英语赛道依旧是未来几年的主营业务，产品年龄可以从3岁一直覆盖到18岁，科目上覆盖英语、阅读、写作、社科等，单一品类也足够宽泛和纵深，"从少儿英语赛道看，未来几年鲸鱼有机会冲到最头部"。

为此，持续优化模型和扩大规模，是鲸鱼的首要任务。鲸鱼将会通过技术赋能把产品优化做到最佳状态，以口碑驱动不断获取更多的用户，提高用户忠诚度的同时，延长用户生命周期，这是更具持续性也更为务实的事情。

对于扩科，一定是在用户需求较多且资源较为充沛的基础上才考虑的，但是鲸鱼目前的计划是把"本分"的事情做好，且在未来的两三年时间里努力实现盈利，成为一家最终能够引领少儿英语行业的公司。

此前，吴昊曾指出，能够引领少儿英语行业的公司应该同时满足两个条件：一是能为用户创造独特价值；二是公司能实现规模化盈利。不能为用户创造独特价值的公司，要么根本就长不大，要么长大之后也守不住、逐渐被别人所取代；经济模型不健康的公司，即便长大也缺乏长期盈利能力，得靠外部不断输血才能活下去，本质上还是没能创造足够的价值给用户。

2020年7月20日，鲸鱼庆祝了八周岁的生日，带着对过去的审视和对未来的憧憬重新出发，在小班课的赛道上披荆斩棘，义无反顾继续向前。吴昊在八周年致全员的信中曾表示："要始终保持本分的心态，和对的人在对的方向上前进，享受和时间做朋友带来的长期回报！"

正如他所言，打造长期价值、追求长期回报一直是鲸鱼所坚持的原则，稳扎稳打，朝着少儿英语小班课的赛道不断前行，这也正表现在其过去八年乃至未来的坚守之中，即"秉承教育初心，致力于做有情怀的教育人，做有效果的教育产品"。

从落子机器人教育至今，盛通教育已形成科技教育产业的"马其顿方阵"

盛通教育的边界正在逐渐触网——一张以乐博乐博为基石逐渐铺开的大网。

2020年9月28日，盛通股份宣布成立盛通教育研究院，希望借此加强盛通股份旗下各公司的业务协同能力，同时"深挖教学、教研、技术等方面的'护城河'"。

因此，在发布会上，盛通股份也正式对外宣布未来将会以"盛通教

育集团"这个企业品牌为经营主体来承载其教育业务中的各个项目品牌。同时,盛通教育集团也完成了其目前的教育产业布局:

以乐博乐博为核心,围绕编程教育、机器人教育、数理思维、科学实验课、无人机教育等多个科目,通过控股、参股等方式,先后投资了中鸣机器人、乐益博、VIPCODE、创想童年等多个项目,搭建了覆盖线上、线下、校内、校外、C、B、G端、培训、考试等多个领域的科技教育产业,加深了教育领域的布局。

发布会上,盛通股份董事长贾春琳表示:"未来,盛通教育集团将依托规模化的经营体系、高效的运营管理能力,以及集团内各个业务单元的协同合作,打造平台化组织,实现开设千店、成就万名员工、服务百万学员、打造科技教育领军者的战略目标。"

入局首战落子"乐博乐博",偶然性为必然性开辟道路

2016年对于盛通股份和乐博乐博来说,都是一个"迎新"的节点。其中,对于盛通股份而言,在原有实体印刷业务的基础上,迈出了教育转型的第一步。这让盛通股份未来的发展有了更大的想象空间,也可以对其市值进行更好的管理。

那么盛通股份为什么会在2016年选择进行教育转型?

其实,早在2014年盛通股份就已经决定了要进行业务转型,并成立了投资部开始进行市场考察和调研。同时,2014—2016年也是盛通股份对教育的"思考期"。

在盛通股份的印刷业务中，关于儿童读物的印刷有着非常大的占比，而教育则是和儿童读物息息相关的行业。因此，对于盛通股份而言，这是可以最快完成转型的业务之一。

另外，在这两年的"思考期"中，盛通股份也看到了国家对于科技教育的支持，以及公众对机器人编程教育学习意识崛起的态势，在上市5年后，于2016年开始正式涉足教育领域，宣布以4.3亿元并购乐博乐博100%的股份。

回到2016年，当时对乐博乐博进行并购这个选择，贾春琳坦言，"既有偶然性也有必然性"。

盛通股份调研了市场上多家机器人编程机构，从营收规模、校区数量等方面来看，乐博乐博都不是最领先的。从并购报表上的数据来看，2015年的乐博乐博拥有63家直营店、115家加盟店，全年营收为9080万元，净利润700万元。但据贾春琳透露，当时市场中也有全年2亿元的营收，净利润3000多万元的同类机构。因此，并购选择最终落定在乐博乐博，的确存在着一定的偶然性。

然而，相较于当时国内盛行以乐高教具为代表的机器人培训机构而言，乐博乐博当时引进的产品ROBOROBO，在韩国已被其知识经济部选定为教育机器人用具，教育属性非常明显。其在落地中国后，经过本地化教研，更具独特性和开放性。

另外，虽然乐高的品牌也非常棒，但在产品定价和运营方面ROBOROBO有着一定的优势。据盛通股份在此前的财报分析师会议中透露，乐博乐博的产品定价只有乐高的60%~70%，家长需要负担的费用相对较低。

并且，在同多个机器人编程项目的对比中，乐博乐博过往几年的发展，无论是在校区数量上还是在营收规模上都是在稳定增长的。经过盛通股份内部多次的评估，认为乐博乐博的成长性、产品品质、扩张能力，在当时的市场中是领先于其他玩家的。同时，在接触中贾春琳发现，创始团队中的两位创始人侯景刚和周炜的运营经验、经营风格与盛通股份也有着较高的契合度。

以上几个原因，便成为盛通股份以4.3亿元并购乐博乐博100%的股份的必然性。

五年时间，从0到1完成上市

对于乐博乐博而言，从2011年下半年以10万元的成本在北京开设了第一家校区，到2012年开设4家直营校区并着手准备加盟，再到2016年和盛通股份达成并购合作时的63家直营店、115家加盟店，都被周炜视作为跑马圈地的1.0阶段。在这期间，乐博乐博分别拿到了真格基金和新东方的投资。

周炜回忆道："我和老侯都不是甘于平凡和现状的人，想着做出一份自己的事业。"

时间回拨到2011年二人开设第一家乐博乐博校区时，全员进行地推和会销，用时三个月，招到了100多个学生。除了第一个月的招生情况比较艰难，只有4个学员，后面两个月的情况越来越好，单月招生数量都在50人左右。基于当时的4200元、4600元、5200元三个不同年课包价格，以及极低的校区成本，使得现金流非常充裕。这让周炜兴起了继续开设新校区、在当地验证校区复制可行性的想法。

此后一年，二人又陆续在北京开设了 4 家直营校区。"这几家校区的顺利运营，让我们意识到这是个非常大的机会，抓住这个机会就有可能实现我和老侯想做出一份自己的事业的想法。"周炜说道。

但这个机会很大一部分是要依托从韩国引进的产品 ROBOROBO。如果乐博乐博想要向更大的区域进行校区复制，那势必要拿到 ROBOROBO 在国内其他城市的代理权。

2012 年，仅仅开设了 5 家校区的周炜和侯景刚做出了一个非常大胆的选择，和 ROBOROBO 签订在中国的独家代理权。在当时，这个做法在外人看来是非常不可思议的。这个产品在国内的基础还比较浅，愿意使用 ROBOROBO 产品的机构并不多，相反乐高的产品在国内则颇为盛行。

从现在来看，那时做出这个选择的周炜和侯景刚有着非常大的格局。如若没有当初这个选择，或许就不会有第一家登陆国内 A 股的机器人教育公司的故事，更不会有今天这个年营收 4 个亿的乐博乐博。

2012 年，在北京新开 4 家直营校区的成绩让周炜和侯景刚看到了市场发展前景以及校区复制的可行性。因此，有了快速拿下更多区域市场的想法。

2013 年，乐博乐博在北京这个大本营市场稳定发展的同时，开始尝试挑战跨区域管理，在上海复制了第一个校区。

周炜介绍："我们当时对于校长、市场总监没有贮备，都是从原有的校区中，分出有经验的员工，去新开校区进行管理和招生。当时，去上海进行'拓荒'的负责人就是和我们一起做第一家校区的兄弟，也是现在盛通教育投资项目伽牛教育的创始人张拓。"

接下来两年，对于乐博乐博而言，"抢速度、占区域"成为主旋律。

有了明确的目标，2013—2015年成为乐博乐博的极速扩张期。如同"细胞分裂"一样，乐博乐博从2012年年末的5家直营校区，扩张到了2015年年末的63家直营校区、115家加盟店。

这个发展速度放到现今的教育市场中来看，也是非常快的扩张节奏。而乐博乐博之所以在发展初期能够实现这样的发展速度，2014年和2015年真格基金、新东方相继提供的资金支持，也是非常重要的因素之一。

2015年年末，乐博乐博就开始和盛通股份有了接触，尝试沟通并购的可能性。

接下来，双方的沟通相对比较顺利。2016年，乐博乐博就开始根据国内上市规定准备过会材料。同年11月23日，顺利和盛通股份完成并购，乐博乐博也成为国内第一家在A股上市的机器人教育机构。

"现在回想起来，会觉得幸福来得稍微快了一点儿。"周炜回忆道，"当时的乐博乐博属于粗放型管理，突然要按照上市公司的规定转变到集约型管理，这个挑战是非常大的，这让全员都感觉到了不适应。很幸运的是，在这期间盛通股份给了我们很大的支持，帮我们完成了转变。"

乐博乐博完成并购，继而上市成功，对于素质教育行业而言，其实是有着一定的标杆意义的。"这件事在一定程度上给同行们打了一针强心剂，让更多的同行看到了未来上市的可能性。"周炜说。

并购后的变革：降速、夯实

熟悉乐博乐博的人都知道，2016 年在完成并购后，乐博乐博的发展速度与过去几年相比反而降下来了。根据并购报表和盛通股份的财报显示，并购前的三年，乐博乐博的营收和利润都是 150%、300%、400% 的增长。但在 2016 年，乐博乐博的增长仅在 30% 左右。

对此，在接受采访时贾春琳和乐博乐博总裁周炜均表示："并购中的业绩对赌协议，如同一道'枷锁'禁锢了乐博乐博的发展，导致乐博乐博'被迫'降速。"

根据盛通股份公布的并购报表显示，乐博乐博承诺 2016—2019 年分别完成不低于 2458 万元、3230 万元、4067 万元、5125 万元的扣非净利润。

其实，上市后企业合规化的成本很高。

"根据我们此前几年的营收增长和利润增长，我们对于乐博乐博的营收能力非常自信。但按照上市公司的规定，缴纳各种税款，员工五险一金后，我们突然发现剩下的利润较并购前而言，少了很多。"周炜回忆道，"这让我们感觉到，乐博乐博想要完成对赌协议，并非想象中的那么简单。我自己也陷入了长期利益和短期利益的矛盾中。"

因此，秉承着对员工负责、对上市公司业绩负责的态度，2016—2019 年乐博乐博进入了精细化运营阶段，相对于快速扩张新校区，其开始更加注重提升现有校区的运营、招生、服务等环节。

从新校区达到收支平衡的时间周期来看，可以在 12~18 个月内实现。

"新店运营是处于爬坡期的,以 K12 机构为例,其要达到收支平衡需要 18~24 个月。但是,我们的客单价中,有 2000 元是产品购买的费用,这 2000 元是可以提前完成确认收入的,因此我们会比 K12 机构提前 6 个月达到收支平衡。"侯景刚说。

另外,对于乐博乐博的管理层而言,跨区域管理半径的扩大,也需要慢下来进行一定的梳理。

为了更好地提升主管、校长、区域校长等各层级干部的管理能力,乐博乐博 2019 年正式在济南建立了商学院,会定期对各区域的校长进行培训,这在乐博乐博内部被称为"黄埔军校"。

"过去的乐博乐博,在校长的培养方面,属于'师徒制',由经验丰富的校长来带贮备校长。但每个人的管理风格、擅长能力不同,有的校长管理能力更强,有的校长招生能力更强,因此带出来的新校长会存在各种各样的差异。因此,我们希望通过商学院来为所有的校长、主管进行不同能力的补足。"周炜说道。

从盛通股份的视角来看,市场中很多机构都在快速增设校区,但却缺乏毛利,从而导致持续亏损、缺乏持续竞争能力。盛通股份不希望乐博乐博未来和这些机构一样,所以,管理层开始让乐博乐博"扎实"发展,使其由量变转为质变,从而打造一个有持续运营能力和生存能力的生态。

"我们对于乐博乐博的发展非常重视,但我们认为市场的成长性和企业的健康性才是最为重要的。因此在完成并购后,我们选择了先稳定原有校区发展,继而再进行有节奏的校区增设,从而保证和增加校区的盈利率。"贾春琳说道,"这种状态挺好,有利于公司内部沉淀,也会让乐博乐博未来走得更加稳健。"周炜表示，"我们希望能看到未来两三年甚至五年乐博能走的路，而不是当下多开几个店或者多招几个学生。因此在完成并购后，我们不可能还如同初创时期那样快速发展，而是要迈入内部稳定与规范化的发展阶段。"

深耕线下的同时，插上"线上的翅膀"

虽然，此前几年盛通股份一直在大力发展乐博乐博的线下校区，但对于在线教育也一直没有忽略。

"全力在线下进行深入布局的同时，也要开展线上业务。"成为盛通教育集团发展的一大目标。

2017年盛通股份曾投资编程猫，2018年孵化了自己的线上编程品牌"编程高手"，并在2019年正式对外推出。

但对于一个线下基因更强的培训机构而言，发力线上充满了挑战。周炜坦言："乐博乐博对于线上的探索，并没有先发优势，编程高手这个业务的进展不是很快。"

直到2020年年初，环境的变化促使盛通教育集团加速了对于线上教育的布局。盛通教育选择投资少儿编程品牌VIPCODE，并停掉"编程高手"项目，这也让盛通教育孕育多年的线上业务终于有了新的进展和成效，加强了乐博乐博的线上基因。

对于这个决定，周炜对睿艺表示："发展线上业务这个战略，集团内部非常重视，如若发展成功则相当于给乐博乐博装上了'翅膀'。在尝试过自己内部孵化后，发现从外部'嫁接过来的翅膀'更成熟、更有效率。"

整个2020年，乐博乐博从4月份开始使用VIPCODE的教学平台为学员进行授课，课耗恢复了50%以上，降低了年初的损失比例。同时，基于VIPCODE的教学平台，乐博乐博也初步跑出了线上的获客模型。

如果把乐博乐博和VIPCODE分别看作是一头狮子和一双翅膀，那如何让二者融合得更加完美、如同一体，则是接下来双方团队一直在探讨和探索的问题。

周炜对睿艺说道："这期间，乐博乐博和VIPCODE还属于相互借力的状态，接下来我们会展开更多形式的合作。"

根据周炜的介绍，现阶段来看，偏远地区的加盟商，对于高龄端编程课和师资都是比较缺乏的，而在这个方面，VIPCODE的双师课堂则会有非常大的助力。同时，双方也在探索，如何通过乐博乐博的地推团队帮助VIPCODE进行招生转化。

从9月份开始，双方对于线上线下的合作探索已经进入了试点阶段。公司在乐博乐博北京六里桥校区增设了VIPCODE的教室，通过双师课堂进行授课。并且，在校区中还增加了VIPCODE课程的展示和体验，乐博乐博的校区会帮助VIPCODE进行售课。

"在合作中，乐博乐博的校区相当于VIPCODE的招生渠道。如若在北京这个试点校区中的探索比较顺利，接下来将会在乐博乐博全国校区中进行。这对于乐博乐博和VIPCODE的发展都是非常有想象力的。"周炜说道。

此外，根据盛通教育集团透露的战略规划来看，未来极客海码也会尝试在一两个城市的校区中进行试点，帮助VIPCODE进行线下招生。

对于线上少儿编程产品的探索和布局，贾春琳表示："我们之所以看好少儿编程，是基于对政策的解读。目前，少儿编程的重要性已上升至国家战略层面。国内更是有多个省市出台了'逐渐在校内开展少儿编程教育'的政策，并有很多中小学主动找到我们，采购机器人编程产品以及购买师资服务。我们相信少儿编程将会是孩子未来必不可少的一项技能，它将会成为刚性需求。所以，盛通教育集团在这方面的投入是没有保留的。"

通过投资、并购等方式，全面布局科技教育生态链

如果说2016年并购乐博乐博，让盛通股份实现了教育转型从0到1的突破，看到了机器人编程业务是一个健康并可持续发展的优质项目，那么，从2018年开始陆续对校内外近10个教育科技项目进行投资和并购，则是盛通股份更明确、更大胆的尝试。

在采访中，贾春琳表示，在经过两年的磨合后，盛通股份内部对于乐博乐博的发展结果很满意，也更坚定了对于科技教育的市场判断。因此，从2018年开始盛通股份对教育业务的布局和发展又有了新目标：以乐博乐博为基础，搭建科技教育产业链。

围绕此目标，盛通股份开始以乐博乐博为核心，投资和并购双管齐下，前前后后拿下了10个教育项目，覆盖多个科技教育品类学科，形成了3~18岁全年龄、C端到B端再到G端、线下到线上、培训到考试、校外到校内等多个领域的科技教育产业链，且对软件、硬件、赛事均有探索。

其中，针对不同的项目，盛通教育又划分了三个战略层：包括乐博乐博、中鸣机器人、创想童年在内的战略核心层；VIPCODE、极客海码、乐益博、中少童创在内的战略支柱层；数萌教育、伽牛教育在内的战略储备层。

乐博乐博和创想童年作为C端核心品牌，将会继续通过直营和加盟的方式在全国范围内进行校区拓展。中鸣机器人则会为其打通上下游，提供教具、赛事出口等。

贾春琳说："中鸣机器人是有着18年历史的老牌机器人教育硬件提供商，在产品端的实力已经在校内市场中得到了验证。2019年全年营收超过5000万元，预计2~3年内可以达到亿级收入。"

中鸣机器人总经理邹宝明介绍，目前中鸣机器人通过硬件、软件、课程、竞赛等服务已经和超过5000所学校达成了合作，在全国17个城市拥有71个代理商。

因为校内市场的天花板比较低，所以从2020年开始，中鸣机器人还推出幼教产品，并开始对校外培训机构提供课程、教具等产品。

"通过校内、校外两个板块业务的发展，我们计划在2025年实现全年5亿元的营收。"邹宝明说道。

另外，在盛通教育集团的战略层面，中鸣机器人的产品实力，也让乐博乐博摆脱了对韩国产品的过度依赖，降低了未来发展中的风险。"乐博乐博是一个教学平台，我们在教学中不会局限在单一的产品中。好的产品我们都会使用，比如中鸣的产品、乐高的产品、大疆的产品，我们都会在其基础上进行课程研发，从而给学生提供更加多样化的学习体验。"周炜说道。

而极客海码、乐益博、中少童创等项目，则在校外、校内、赛事、测评等方面为盛通教育集团的科技教育生态链进行了补充。

极客海码作为少儿编程教育系统解决方案提供商，其完整的少儿编程系统解决方案涵盖了校区管理、内容分发、数据管理等方面的内容，可以帮助盛通教育集团内外部的校区建立专属编程社区，进行家校沟通，并支持浏览器一键直播教学。

乐益博是国内科技进校园校企合作的首批践行者，可为B端用户提供最优质的科技教育解决方案。乐益博旗下的人工智能赛事领域OMO生态平台捡鹿云，则可以为用户提供一站式人工智能赛事服务，包括人工智能赛事和考级信息的垂直发布，线上、移动、线下三位一体的赛事考级集训服务。同时，它还可以为人工智能赛事和考级机构提供数字化配套服务。

中少童创则专注在青少年科学素养体系建设与评价评测方面。其建设了在线测评、多元评价、数据分析、教学水平检测等多功能一体化的线上网络服务平台，可配合中国青少年宫协会一起开展青少年编程能力等级测评项目的测评命题、在线测评、测评服务、报名建设、等级测评教师认证等工作。

另外，为了更好地推动业务发展，盛通教育在集团层面设立了教育研究院、IT信息中心、市场中心、财务中心、投资中心，参控股子公司将作为独立业务单元由集团统一领导，集团将在战略、教研、营销、资本等多方面对各个业务单元进行有力支持。

对于 2020 年 9 月份成立的"盛通教育研究院"的意义，盛通股份总裁栗延秋表示，目的在于加强集团各公司的业务协同能力，同时深挖教学教研、技术的"护城河"。

"未来盛通教育集团将依托规模化的经营体系、高效的运营管理能力，以及集团内各个业务单元的协同合作，打造平台化组织，实现开设千店、成就万名员工、服务百万学员、打造科技教育领军者的战略目标。"贾春琳说。

迈入"快跑"节奏，欲在三年后实现"千店计划"

2019 年 4 月，乐博乐博举行了课程体系 3.0 暨战略升级发布会，发布了全新的"机器人＋编程"课程 3.0 产品线。

根据侯景刚的介绍，乐博乐博全新课程 3.0，可以覆盖不同年龄段青少年的课程需求，内容由浅入深、循序渐进，并与高中及以后的信息科学学习形成良好的衔接，以实现从实物编程到图形化编程，再到语句编程的完美过渡。

相较于市场上的其他品牌，乐博乐博采取软件与硬件相结合的方式，使青少年可以通过与硬件产生交互获得真实的物理反馈。

另外，在技术上，乐博乐博全新课程 3.0 实现了可视化展示机器学习的过程，让孩子全面感知 AI 技术，更生动地掌握 AI 技术的逻辑和原理。乐博乐博希望可以深入启发孩子对万物互联时代的感知，并初步掌握 AI

时代的语言。

这个事件的发生，无论是对于乐博乐博来说，还是对于盛通教育集团而言，意义都异常的重大。

因为，在并购完成的四年里，盛通教育集团为乐博乐博夯实了基础，同时以其为核心，搭建了贯通上下游的产业链。

从2020年开始，乐博乐博进入了"快跑"阶段。

"我们在2019年提出了中期目标'千店计划'，希望围绕盛通教育集团搭建的科技教育产业链，帮助乐博乐博到2020年年底，将直营店从129家扩增到170家。截至2022年年底，盛通教育集团计划将乐博乐博的直营校区拓展至300家、加盟校区拓展至700家，合计1000家。"周炜说道。

这个扩张速度，对比前几年乐博乐博的发展而言，无疑是非常快的。要知道，在2017—2019年的三年中乐博乐博开设的新校区，都没有2020年多。

那么，乐博乐博究竟能否适应这么快的扩张速度呢？

周炜表示："随着家长认知的增加，市场成熟度越来越高。同时，公司内部在人才储备方面，逐渐加强。另外，我们在线下校区拓展方面，一直是以一家直营店、两家加盟店的比例来进行。在经过几年的运营后，我们认为乐博乐博已经有了以一家直营店、五家加盟店的比例来进行拓展的能力。因此，我们可以提高直营校区的拓展速度。"

其中，在新直营校区的扩张方面，乐博乐博会在现已开设校区的一、二线城市，加大密度的扩张，也会拓展新城市，进行新直营校区的落地。

值得注意的是，乐博乐博增加的直营校区是以"新开校区+收购同行和加盟商的校区"的形式开展。截至2020年年底，乐博乐博已完成回购的加盟商校区，学生数量从200人增加至400人，回购的同行校区，学生数量则增加了80人左右。

在新校区的选址方面，周炜强调："乐博乐博将会告别之前的写字楼和商住两用的场地，未来校区的开设场地将会以商场为主，底商为辅。原来采用的写字楼和商住两用场地，会根据已经签约的场地合同时间，每年按比例陆续更新为商场校区和底商校区。"

◎ **结语**

越来越健全的产业链，有望让盛通教育集团的"雪球"越滚越大，实现规模经济效益，形成整体板块的"洼地效应"。

其中，以乐博乐博为代表的核心品牌，可以对新产品的用户吸引和口碑传播产生根本性的影响。同时，创想童年、VIPCODE等新项目的加入，又丰富了盛通教育集团的产业链，逐步形成"马其顿方阵"，让盛通教育集团的竞争优势得到了进一步加强。

素质教育行业的"川军"代表——创世纪，如何重塑教育综合体生态

初见创世纪教育集团（以下简称创世纪）创始人杨杰，他给人的第一感觉是一位儒雅沉静的创业者，深谈之后，方窥见其平静之下积蓄的厚重能量。从采访中了解到创世纪从0到1、由点到面再到立体的儿童素质教育生态布局过程，感受到了杨杰稳扎稳打又野心勃勃的个性，杨杰个人的格局观和细节感表露无遗。作为国内教育综合体创业的先行者，他对儿童素质教育生态的前瞻性判断，更是让人耳目一新。

杨杰在教育领域的创业，从经营出国留学业务开始："当时通过和高校联合办学，将中国学生送到国外。处于本科阶段的学生出国后面临着学业和生活的双重挑战，基本的语言能力和学术能力既不能让他们顺利融入国外文化，也难以顺利毕业。"

这样的现象引发了杨杰对教育的深度思考：国际化素质教育的培养，应该是一个全面的、分阶段递进的过程，最佳的培养模式则是从小开始。当时与高校合作的出国留学业务竞争门槛低，从业者水平参差不齐。杨杰逐渐确定了未来从经营大学生出国留学业务转为青少年国际化素质教育培养的转型方向。其中，双语能力、逻辑思维能力、创造力在杨杰看来是众多能力中的基本能力。

遵循上述思考逻辑，杨杰开始在全国范围内寻找相关产品。

以儿童英语培训为起点，创世纪实现从0到1的跃进

"原汁原味美国公立小学课程，用英语学习学科知识。"2008年，瑞

思的这句广告语铺天盖地地出现在中国各大媒体平台，广告中描述的场景打动了无数家长，同样引起了正在寻找产品的杨杰的注意。

当时，瑞思英语在全国拓展加盟商，其独特的教学内容，线下小班制、项目式学习的教学模式，完全符合杨杰心目中对儿童国际化素质教育培养模式的期待。对瑞思深入了解后，杨杰有意向加盟，只是有人抢先一步，拿下了成都市瑞思英语的加盟权。无奈之下，杨杰决定暂且观望。

第一家瑞思英语成都加盟商在经营一年后出现颓势，业绩不振。又恰逢瑞思加盟业务更换负责人，对瑞思模式有充分理解和信心的杨杰决定抱着试一试的态度，与瑞思进行第二次沟通。双方一拍即合，创世纪就此成为成都第二家瑞思加盟商。

以此为起点，创世纪的儿童素质教育事业正式起步。

2010年，创世纪第一家瑞思英语校区在成都文化宫开业，第一年营收500万元，第二年营收1000万元。到2013年时，创世纪在成都已经拥有了10家瑞思英语校区。

杨杰在接受睿艺采访时表示，尽管第一家校区经营非常成功，但是并没有立刻开启扩张计划。

回望创世纪在成都拓展瑞思英语业务，从1家校区到10家校区的扩张过程，呈现出的是先慢后快的节奏。两年的时间积淀，帮助团队积累管理运营经验，培养团队对少儿市场的专业化认知，同时储备人才，设立人才培养、进阶机制。从加盟第一家校区到第二家校区的建立，慢，是为了积淀经验和打磨团队；从第三家校区到第十家校区的复制，快，则是建立在前期夯实的基础上。

2015年，瑞思的运营进入成熟阶段。按照杨杰的规划，单纯的语言学习并不足以实现培养国际化素质教育的目标，在语言学习之外，还需要补充其他学习板块。于是杨杰决定增设更多品类的素质教育内容，创世纪的发展因此迈上新台阶，进入新阶段——多品牌运营。

其中，在表演艺术方面，杨杰创建爱德米乐艺术学院；在美育方面，引进少儿美术品牌杨梅红。

加盟杨梅红的过程中还出现过一段插曲。作为一个产品型导向的人，在考察了全国大大小小的美术品牌之后，杨梅红美术的教学理念和专业水平，是让杨杰最后选择这个品牌的关键因素。彼时杨梅红美术采取的方式是只直营，不加盟。在若干次投石问路、总部拜访均无功而返后，机缘巧合之下，杨杰与杨梅红全国业务负责人相识，双方进行了多次的深度交流。杨梅红负责人还专门到成都对创世纪的经营能力做了详尽的考察，确定创世纪旗下运营的项目发展良好后才同意开放加盟，达成此次和创世纪的合作。

合作开业第一年，创世纪杨梅红校区营收400万元。

创客教育方面，杨杰创办了STEM教育品牌"麦克星球儿童创客学院"。

在2014年、2015年、2016年，创世纪在成都文化宫先后开设了瑞思、杨梅红、爱德米乐、麦克星球四家机构。"当时采取的方式是每扩一科，就扩租一块场地，四家校区的总面积有4800平方米。其中瑞思、杨梅红、爱德米乐在读学员均超过1000名，麦克星球在读学员超过400

名。"杨杰对睿艺说道。

从物理形态上看，基于同一地理位置，创世纪从单一学科逐步完成多学科扩张，无形之中构建了一个素质教育集合体。

与此同时，杨杰还在布局幼儿园，持续扩充其他素质教育品类。

2015年，创世纪旗下第一家幼儿园正式开园，采用美国高瞻的教育理念，以双语素质教育为特色，收费标准为每人6万元/年。开园两年，幼儿园学位剩下不到20%。在接下来的五年时间里，靠家长的口碑和独特的教育理念，幼儿园扩张到8所。

2016年，创世纪引进拉玛足球学院、菲动武道儿童体能。

2017年，USBA美国篮球、道格拉斯棒球等相继入驻。

2017年时，创世纪运营着包括瑞思英语、杨梅红美术、爱德米乐、麦克星球、拉玛足球学院、菲动武道儿童体能、USBA美国篮球、道格拉斯棒球、Find智能钢琴等众多素质教育项目。

在这一年，创世纪一鼓作气，拿下5000平方米的商业场地，建立了创世纪旗下第一个教育综合体——最IN菲克城。

从素质教育集合体进化到素质教育综合体，对杨杰所带领的创世纪团队提出了全新的挑战：在进场前做场地规划、场地营销、活动策划，再由各个品牌单独招生、上课，最后帮助实现各个品牌之间的协同作战。每一个环节的完成效果都会影响到综合体能否顺利落地成功开业并进入良性营收状态。

创世纪以最IN菲克城作为教育综合体标准形态，从2017年至今，在成都复制、扩张了5家。

回顾创世纪教育综合体的发展历程，通过外部加盟或内部孵化的方式，获得多个学科产品且拥有各个品牌产品的自营权，这极大地加强了创世纪对旗下产品的把控能力，既能够保证教学品质和客户体验，又可以实现各个品牌之间的协同作战，比如与商场谈判、拿地时具备明显的优势。

创世纪产品能够覆盖启蒙阶段和青少年阶段，距离杨杰最初设想的国际素质教育培养目标显然更进了一步。

而进化从未止步。

数字化升级和产品模式创新，是应对行业挑战的大招

2020年让素质教育行业经受了一轮大浪淘沙。机构关门、跑路等负面事件频频发生，导致家长对行业的信任感和好感均在降低。

"创世纪在这期间，各个产品增加了线上服务的内容，中心目的是服务好家长。"杨杰表示，"如果三四个月没有提供优质服务，割裂了品牌和学员之间的联系，可能造成消费习惯改变以及后续的生源流失。"

为了应对2020年的大环境变化，创世纪旗下各个品牌迅速行动：

瑞思英语为学员提供在线1对3小班课，还有在线图书馆以及在线外教课，因此英语产品的学员受影响不大。

表演艺术培训机构爱德米乐在2019年录制了200多节的课程视频，初衷是为了辅助学员在家庭中练习，向家长同步学员的学习水平和学习阶段。爱德米乐为所有在读学员免费提供两个月线上课，尽最大努力保持学生在家的练习习惯。这个决定轰动全城，赢得家长信任，获得家长好感。

Find钢琴培训模式采用的是线下教学+线上陪练，这期间学员可以照常在家线上练习。

其他一些难以线上化的品类，如体育、早教等则通过家长服务，保持和家长的联系。

环境影响除了加速产品线上化外，更深层次的影响是企业管理、运营的线上化和数字化。

在杨杰看来，线上是一种场景，更代表一种思维，产品线上化、管理线上化、运营服务线上化、营销线上化都是匹配这一场景下的升级和创新。

对于创世纪来说，管理和运营的数字化升级，也是自身发展的需要。

管理层面，创世纪旗下已经运营着众多不同品类的教育项目，目前正逐步向四川全省甚至全国扩张，这对总部的管理规范化和运营标准化提出了高要求。各个层级、各个运营环节的数据打通，可以为集团决策提供依据，并依靠数据把控运营细节。基于公司战略和业务发展需要，创世纪内部正在研发能够满足全集团需求的ERP系统，除了业务方面的功能，还有HR模块、财务模块以及内部员工积分制的管理。

营销层面，抖音、美团、天猫等流量平台的崛起，微信群裂变等营销方式的出现，深刻影响和改变着教育行业的营销和获客。创世纪经过多年的摸索，内部提出了"教育新零售"概念，将线上、线下营销结合，比如已经使用三年的美团大众点评转化率达到20%；最早一批入驻了天猫平台；在短视频平台同时具备了品牌传播、种草、带货的多重功能，创世纪计划与MCN机构合作，打造杨杰之声、爱德米乐艺术学院两个IP，目标是未来一年做到300万的粉丝量。

以2020年的"双11"营销活动为例，创世纪运营着的11个品牌联合营销，设计了一款包含11个学科，每个学科20课时，总共220课时的课包，售价5000元。创世纪总部大屏幕实时显示销售数据，其内部的保底目标是售出5000份。

2020年，国家对教育培训行业提出严格的规范要求也在逐渐落地，其中明确要求培训机构不得一次性收取时间跨度超过3个月的费用。这对培训机构的经营现金流提出了更大的挑战。

杨杰预判：教育培训行业按照传统模式经营将会越来越难，必须做出改革。所以创世纪同时在进行产品创新和模式创新。

以线下新开校区为例，创世纪目前新开校区须经投委会表决，若新校区的经营模式还固守传统将予以否决。杨杰曾经做过测算，假设客单价在1.7万元/年，每个月新招30人，校区一年收入是612万元。从确认收入角度看，这样的财务模型到第三年才可能盈利。

创世纪内部的新要求是，新校区开业前三个月招生200人，半年校区满员。这样即便按照3个月的收费模式，也不会承受巨大的财务和运营压力。

借助新技术，创世纪正在研发的一款创新产品是无人教室。无人教室面积约 30 平方米，日常无人值守，学员和教师在约定时间点上课，刨除一切其他冗余功能。无人教室面积小，成本低，这样可以实现最低成本的学位扩张。同时，教室将设有外屏和触摸装置，打造整体的视觉形象，吸引客流，具备一定的品牌营销功能。

无论是管理运营的数字化升级，还是无人教室的投放，都是创世纪未来经营策略的一个集中投射——"降本提效"。

创世纪旗下教育综合体生态的布局和发展，在"降本提效"的大原则下，要从原来的大平方米、重资产向小面积、可复制、轻资产转变。

创世纪旗下综合体形态，目前有 5000 平方米左右的最 IN 菲克城和 1 万平方米的菲想家广场，但此类综合体前期投入大，回报周期长，对场地要求高，规模化复制难度太高。按照杨杰的规划，未来创世纪会与众多有合作需求的资源方合作建设，如联合大型地产公司构建教育配套，或购物商场改造，为其注入教育场景等。

未来创世纪的发力点分别是面积在 300 平方米左右的菲行屋，以及面积在 1000 平方米左右的最 IN 菲克里。

菲行屋定位为社区的跨学科未来教室，将会由三个不同的学科组成。菲行屋前期探索时，产品组合以智能钢琴为主，但钢琴作为非刚需学科，市场反馈一般。2020 年菲行屋调整产品组合，改由英语、钢琴、创客或者美术三个学科组成。

依据近些年来政府的社区化教育导向，创世纪将把菲行屋以社区店的模式进行铺设，并且与政府或社区合作，优先使用社区闲置物业，平时为社区提供公益服务，周末提供有品质的专业课程和服务。目前该模式已经在成都清波街道办测试。

这是一种在资本投入上更轻的扩张方式，房租成本低，距离客户近，营销获客成本低。在试点项目成功测试之后，这个模式便可以背靠创世纪十几年积淀的内容及足量的人才储备在全城迅速复制几百家。

面积约1000平方米的最IN菲克里，定位中高端的高品质小型综合体，内含早教、英语、美术/音乐三个品类。按照规划，将1000多平方米做整体规划，设置包括前台、咨询区、家长休息区、阅读区、玩具屋等在内的公共区域，剩下的面积划分出不同品牌的教室，空间资源进一步得到优化，面积效率大大提高。

按照杨杰的测算，1000平方米的最IN菲克里可以拥有15间教室，年产值可以达到2000万元以上。

至此，创世纪旗下的教育综合体生态形成了：最IN菲克里定位在中高端人群，而菲行屋的社区店覆盖人群更加下沉，定位在于做社区里的少年宫。同时还有面积在5000平方米的最IN菲克城和1万平方米的菲想家广场。多管齐下，旨在形成不同形态、不同模式、服务不同用户的网状结构。

创世纪的蓝图规划——四条发展路径并行

杨杰对睿艺介绍，创世纪未来发展思路包括四个方向。

第一个方向，C端直营培训业务，除了爱德米乐艺术学院将向全国扩

张外,其他品牌将集中在四川省内发展,坚持高面积效率、高人员效率的开店理念,注重以确认收入为财务核算标准;

第二个方向,B端加盟业务,瑞思、海帆亲子游泳和拉玛足球的加盟业务在四川省内扩张;爱德米乐艺术学院将向全国扩张,目标是做到300个加盟商。

"我们有让加盟商赚钱的底气,是因为有创世纪多年的赋能体系——'探素课堂'。"杨杰对睿艺表示。

探素课堂最早是创世纪人力资源部门下的培训部门,主抓公司内部的培训和服务,多年的发展积累了丰富的人才培养体系和运营管理经验。

2017年,考虑到探素课堂在公司内部和对加盟商的培训效果非常好,同时行业从业者对优质培训一直有巨大需求,杨杰将探素课堂从人力资源部门剥离出来,从原来的服务单元转为经营单元,将以往积淀的培训知识形成体系,划分为老师分院、营销分院、管理分院、校长分院,形成四个维度的课程体系。

与同类型机构相比,探素课堂最大的特点和优势是课程内容基于创世纪实践得出,所以课程实战性强,容易实操和落地,而且课程随着业务及时更新。另外,包括杨杰在内的创世纪众多高管都是课程讲师,他们既会讲解课程,更会分享宝贵的市场浮沉里的成败经验。

2020年,探素课堂决定将培训课程全部转为线上,以低价或者免费的形式承担知识付费类课程的引流角色。未来线下主推咨询,比如2020年推出的"运营三板斧"咨询小班,为机构提供从上课到跟踪、顾问及指导各个维度的扶持,乃至后续运营方案。

对于想要参加课程的机构，杨杰也有着一定要求，立志继续做大做强，愿意花费时间。

探素课堂这套赋能体系已经经过了实践验证，课程内容和支持方式均行之有效。杨杰在采访中透露，在成都地区的温江、双流、郫县三个地区，创世纪分别支持三家区域品牌崛起，实现从单一品牌、单一校区做到多学科、多校区。以温江为例，原本是创世纪的学员家长，真正从零起步，四年时间中先后加盟瑞思英语等多个品牌，目前有八家多品牌集合的教育综合体，年产值1亿元。四川南充地区的加盟商，由探素课堂协助与商场谈判，租金比加盟商自己谈判下降20%。目前已经有四个素质教育项目，正在建设为南充当地规模最大的教育综合体。

作为第一个蹚过未知之路的人，杨杰深知创业路上的艰辛。"创世纪对加盟商的扶持是按照直营校的标准进行的，大到选址、装修，小到校区人员薪酬结构设计，都会支持。直营校的经营会议完全开放给加盟商。"杨杰说道。

而创世纪之所以愿意将所有的资源开放给加盟商，杨杰表示，创世纪的未来发展需要优质教育同行和合作伙伴，相比较纯加盟来说，更希望能够联营，一起获得资本的价值。基于创世纪未来在全国范围的战略，更多的是培育和赋能有追求有基础想做更大的教培机构。

第三个发展方向，创世纪未来计划成立一所K12阶段的以素质教育驱动的民办小学。创世纪在幼儿园领域的尝试和深耕，积累了一批对其教育理念和教学效果认可的忠诚学员，成立一所K12阶段的学校是顺势而为。

最后一个方向是打造一个技术平台。创世纪旗下的互联网公司会把自己最有价值的技术运用在实体中。同时，创世纪也在开发一个为教培机构赋能的系统，这个系统会内置丰富的学习内容资源，同时通过系统可以构建组织培训体系。这个赋能系统可以面向整个教学机构的组织培训提供整体性的内容，让机构根据自己的特点来打造自己的培训体系。

厚积薄发——创世纪的资本之路

现如今，教育培训行业的创业者，有相当一部分是边融资边发展。从杨杰的创业之初，就不断有资本伸出橄榄枝，然而都被他婉言谢绝了。他坦言，起初没有寻求资本，是因为觉得没有跑通一个让自己完全信服的商业模式。所以在之前若干年的模式探索中，他对资本的进入始终持谨慎的态度。而到了现在，经过自己的摸爬滚打和若干开创性的尝试，以及对加盟商和合作伙伴的赋能，经过了市场验证，他认为，创世纪已经具有一个成熟的能够快速裂变式增长的商业模式，对于引入资本共同发展，做好了全面的准备。

在杨杰看来，在创世纪现有的产品形态中，"最 IN 菲克里"和"菲行屋"最具有快速复制扩张以及迅速满员盈利的能力。在他的计划中，2021 年创世纪进行 A 轮融资，到 2022 年 B 轮融资时，企业估值将达到 20 亿元。而对于资本的作用，杨杰始终认为，是一种锦上添花的助力，更希望能够与认同创世纪价值观和理念的同道者同行。目前创世纪拥有几亿元的产值，每年几千万元的利润，从容不迫。

◎**结语**

执着、创新是创世纪创始人杨杰的底色。在他的带领下，创世纪已经度过了产品开发、规模化运营的阶段，下一步将迈入大范围扩张的发展阶段，而这个阶段，创世纪将以数字化运营和创新的手段实现降本提效。

从成立之日起就立志培养儿童国际化素质教育能力，创世纪作为"川军"代表，已经在素质教育行业耕耘11年时间。在从四川走向全国的过程中，会有怎样的挑战？面对未来的清晰的业务规划和资本规划，创世纪又将如何华丽蝶变？

五年的勠力前行，编程猫先破圈再破局

"年轻"一直是编程猫的标签。

两位年轻的创始人加上超过60%是90后的年轻管理层，以及平均年龄为25岁的5000多位员工，造就了这个从创立开始就带着素质教育"明星项目"光环的编程猫。

就是这样一只年轻的"猫"，在过去五年中跑出了猎豹一样的速度。

11月20日，在这个充满不确定因素的2020年接近尾声的时刻，编程猫对外正式官宣完成了少儿编程赛道单笔最大融资额的消息——"D轮13亿元"。这笔融资消息，或许是对编程猫2020年一整年发展的最好总结和反馈。

从只有两个人的初创团队，到现今超过5000人的团队，背后站有一

众庞大的 VC/PE，这到底是一家怎样的公司？

五年成长，编程猫养成记：已形成由点及面的生态闭环

在国内，少儿编程赛道仍然处于发展初期。但随着各项政策以及教育相关部门的加持下，少儿编程教育市场是可以预见的"存量很大"，因此赛道内的玩家可以实现商业化的机会也是非常大的。

编程猫所处赛道正是少儿编程教育，也走过了第一个五年。

五年前，编程猫刚刚成立时，商业模式还没有像现在这么明晰。均是第一次创业的李天驰和孙悦当时有着一个非常明确的方向，选择以工具开发为切入口，围绕教学工具、平台的自主研发进行探索性尝试。

那为什么会明确选择以工具开发为切入口？

孙悦在接受采访时表示："区别于其他学科，编程的教学需要通过工具来实现。因此，对于少儿编程培训机构而言，商业模式是可以千变万化的，而不变的则是对工具的依赖，有了工具就可以让大众从没有认知开始建立认知。"而基于自主研发的编程工具，编程猫也可以对更多的业务形式进行探索。

2017—2018 年，编程猫在商业化路径上先后做了不少尝试。李天驰和孙悦也面临着必须要抉择的战略难题，是"主攻单一业务"，集中全部精力在编程工具开发方面，还是"发展多条产品线"，同时兼顾"工具开发"和"编程教学普及"。

从编程猫现在的发展就可以看到，李天驰和孙悦最终是选择了后者，通过自研建立起适用于中国4~16岁少儿的编程工具矩阵，并搭建了以"工具+内容+服务"为产品形态的少儿编程教学解决方案，成为一家"以技术为核心驱动的教育公司"。

在这只一直奔跑在高速路上的"编程猫"背后，历时五年搭建的少儿编程教育版图逐渐清晰。

目前，编程猫旗下工具矩阵包含源码编辑器Kitten、海龟编辑器Turtle、代码岛Box、移动端编程工具Nemo、小火箭编程Kids等。课程类型包括小火箭幼儿编程课、探月手机编程课、编程猫小班定制课等课程。

从产品落地的场景来看，编程猫已打通线上线下、校内校外生态闭环，面向学校、培训机构等提供全套编程教育解决方案。基于完整的生态闭环，编程猫已经形成了整体的品牌势能，从而搭建起了由业务"点"延伸至整个业务网络面的商业模式。

李天驰表示，针对已经搭建的业务网络面，编程猫会积极推进线上、线下的融合。将在校内、校外和线上、线下形成业务流动，一旦流动起来，编程猫整个业务网络的效应会非常强。

前后台联合作战，攻占校内市场

2020年11月23日，在GET2020教育科技大会上，编程猫COO陈婉青对外透露，当下编程猫有四条成熟业务线。除了上述的AI课业务外，公立学校业务线和新零售业务线也在其中。

其中，公立学校业务是这几条成熟业务线中，最早启动的项目之一。目前，编程猫的产品和服务已经在全球20多个国家落地，已经达成合作的公立学校超过1.7万所，包括人大附小、复旦大学附属中学、成都七中等。目前，教材方面已有粤教版、湘教版《编程教育》及教育部装备中心版《中小学人工智能》课程等相关教材采用了编程猫的工具。

与公立学校合作属于长期投入，短期很难看到回报。最初编程猫刚刚开始布局校内业务时，在外界看来，发展初期就布局这类很难带来太多商业回报的业务，是存在很大"危险性"的。

选择进入公立教育系统，意味着要走上一条十分艰难的路。但对于这个事情，李天驰和孙悦从一开始就想得非常清楚。

接受采访时，孙悦表示："就算将现在编程猫校外业务的体量扩大100倍，我们也很难实现'教10亿名孩子学习编程'。但是，校内业务是有可能实现这个目标的，只是回报的周期有些长而已。"

同样，李天驰也多次在公开发言中说："少儿编程教育的天花板决定于校内编程教育普及率，校内编程教育普及率越高，市场的发展才会越好。"

事实证明，李天驰和孙悦的视野格局的确是超前的。近年来，国家频繁颁布"在大学增设人工智能、大数据专业，在中小学开设编程课程"等相关政策，从侧面印证了人工智能与编程教育的重要性。

编程猫在为公立学校提供的产品方面，工具、平台是永久免费的。能够产生收入的则是在增值课程、硬件和师资培训以及家校合作训练营三个大的板块。

其中，在 2020 年期间，编程猫就和公立学校一起开展了关于编程教育"停课不停学"的家校合作训练营，让老师和学生在此期间依然可以进行编程教学和编程学习。这段时间，这个训练营是公益免费进行的。

现阶段，在少儿编程市场中，基本都是在以 1 对 1、小班直播课、AI 录播课等形式进行教学。但是，校内市场的产品设计与之有着很大的不同之处。

对此，编程猫公立学校业务负责人马子超表示："校内的产品需要考虑到是以'班级为单位属性'来进行编程学习这个因素。"

这相当于进行少儿编程的大班课教学，和少儿编程赛道中盛行的小班课教学有着本质上的区别。同时，还要兼顾在信息教室的环境里，进行有限时间的教学，以及平衡授课资源、老师授课时长、学生自主探索时间等问题。

基于不同年龄、地域以及校端和机构端的差异，用户诉求的差异体现在很多方面：需求升学方面的帮助，注重等级考试与赛事证书；部分地区编程进校成为学科，因此需求"学科教育"，提升成绩；需求与时代接轨，需求未来科技素养的培养。

另外，不同年龄的教学产品会按照年龄段划分为不同部分，地域也同理，虽然各不相同，但也存在一定的相似之处。

"在这个过程中，前台后台联合作战，才能够从本质上做到提升。"马子超说道。要想做出适合公立学校的好产品和课程，除了依靠教研、产研团队外，也要依靠前端的 BD 团队。因此，编程猫公立学校业务的 BD 团队也会介入公司组织内部，结合他们所在不同区域的本地化教学目标、教学特点，给教研、产研团队提出很多建议。然后设计出几类不同的标准化产品投入线下，在反馈与改良后实行规模化。

快速扩张团队，注入新鲜血液，加强企业战斗力

一家企业在发展的过程中，每时每刻都需要"新鲜血液"的注入。

2019年8月1日，编程猫正式对外宣布"新东方多纳"的品牌创建人陈婉青正式加入，任职COO，主要负责组织的框架和人力方面的工作。

更早之前，拥有十多年教育行业从业经验、创业经历的刘明旭和拥有多年研发、运营经验的马子超等人，都相继加入了更为年轻的编程猫。现在分别负责编程猫的两条成熟业务线"新零售业务"和"公立学校业务"。

对此，李天驰表示："以他们三人为代表的一批经验丰富的人才、前辈加入编程猫，对于编程猫团队而言，是很重要的补充，他们会把丰富的运营经验带到编程猫来，持续优化编程猫的运营效率，继而提高利润率。"

孙悦也在接受采访时分享道："我和天驰都是第一次创业，在工具开发方面的确有着一定的优势，编程猫内部对于产品开发的创新力、执行力是非常强的。但也很明显，我们没有过多的教培经验。这几年，我和天驰一直在内部进行教学，从来没有断过，这使我们的课程设计、工具开发都有着最直观的改变，也丰富了我们的教学经验。因此，以婉青为代表的诸多教培行业同伴们的加入，为编程猫接入了很强的教培基因。"

顺利获得外部"血液",是因为编程猫有着足够优秀且吸引人的因素。

以陈婉青的加入为例,陈婉青对睿艺表示,加入编程猫主要是基于赛道、团队以及发展阶段这三个因素:"首先,对于教育赛道,我看好未来的科技对整个市场的影响;其次,对于团队,我倾向于年轻的组织,因为未来是年轻人的时代,年轻人更有创新力,更具国际化视野;最后,则是企业所处的发展阶段,早期项目更依赖创始人做出的决策,处于发展后期的企业,我在加入后能够做出的贡献并不会有多少。"

当时的编程猫是最符合陈婉青这三个考虑因素的教育企业。2019年3月,陈婉青在刚刚与编程猫接触的时候,编程猫正处于上升期,经历了过去三年的探索刚刚开始尝试在C端去做商业变现。编程猫当时选择的是教培行业比较传统的打法,通过线上去做课程销售和服务,这和陈婉青过去的经验是比较匹配的。

双方的选择可谓是"天时、地利、人和"。

在此之后,陈婉青、刘明旭、马子超等人和李天驰、孙悦以及一些高管在工作方向上达成了高度统一。

其中,陈婉青主要是基于编程猫的战略设定,在未来一段时间内去做业务结构化和组织结构化的调整。

陈婉青介绍,编程猫现在的战略很简单、很清晰,通过现有业务去做增长、拉新,并尝试国际化。陈婉青说:"针对这个战略,我们要选出一些适合当下市场的核心能力来作为支撑。"

以编程猫的两款录播课产品"小火箭幼儿编程课和探月手机编程课"为例。当下，AI录播课市场的竞争非常激烈，老牌巨头、新生代玩家纷纷入局。面对这样的局面，编程猫要想跑到前面去，在陈婉青看来，在组织架构上，不能有过多的层级，团队要保证灵敏度和灵活度，因此在各业务线团队中实行封闭式小团队的方式，让其拥有足够多的自主权。

市场上各家教育企业的产品上新速度和招生手段的变换是非常快的。面对产品上新速度，这要求企业背后要有足够强的教研能力和产研能力来做支撑；面对招生手段，则要求企业内部不同部门的协同效率要足够高。

两次从零起步，对于低价课、下沉市场的"执念"

2020年"六一"儿童节这天，编程猫送出了五台特斯拉，作为五周年庆典的惊喜，来奖励在过去几年中成长最快的几位小伙伴，徐鼎松就是其中之一。

在编程猫五周年庆典的第二天，李天驰在其个人公众号上发表一篇名为《五年，五个年轻人的故事》的文章。其中，讲到的第一个人就是徐鼎松。

作为1994年出生的年轻人，在刚刚进入编程猫时，徐鼎松工作得并不顺利。他先后尝试做过市场拓展、地推、谈品牌合作、商务对接等工作，但都未取得太大的成果。和他同期还有几位小伙伴，觉得在团队里没有成就感，一个个离开了。

但徐鼎松坚持留了下来，并默默做着许多重要或者不重要的工作。

对此，徐鼎松在接受采访时对睿艺坦言："要和编程猫一起做些事情的想法很坚定。因为我选择离开腾讯企鹅辅导加入编程猫，就是希望在素质教育领域做些事情。当时，看到编程猫这个产品就被吸引了，和天驰、书记（书记即孙悦）一样，我也相信少儿编程这个学科未来一定会被越来越多的家长、孩子所接受。"

2018年的下半年，编程猫在思考如何做下沉市场时，尝试做了一个专门针对下沉市场的百元课项目"编多多"，徐鼎松也在其中，但最终这个项目还是失败了，并且负责人也走了。

"这个项目就是小火箭幼儿编程课的前身。"徐鼎松说道。

编程猫开始做幼儿编程课是李天驰在2019年2月份提出的想法。在春节前后，徐鼎松和几位团队小伙伴做出了第一版测试课程，并在编程猫内部进行了测试，反馈的结果还不错。紧接着，在3月份进行了一次千人测试，来做立项前的数据验证。

2019年3月末，编程猫小火箭幼儿编程课项目正式立项，同年5月底才做出了小火箭编程的第一版正式课程。当时，小火箭编程课的老师还不足十人。

李天驰表示："那段时间，我们判断编程在低幼年龄段会有很好的市场，因此还有另外一个KID项目在做，并获得了90%的资源倾斜。"

直到2019年7月份，编程猫才正式成立小火箭幼儿编程部，并将原本KIDS 1对1项目的小伙伴也并入了进来。这其中，有超过50位老师的加入，成为小火箭编程部第一批录播课老师。

"相对而言，1对1编程教学老师的专业素质是比较高的，并且一次性超过50位的加入，这让我们的后端变得足够稳固。同时，这段时间我们的课程和教学也得到了市场用户很好的反馈以及很高的评价，给了我们很强的信心。"徐鼎松回忆道。

在得到编程猫内部的支持和资源倾斜后，从2019年8月份开始，编程猫小火箭幼儿编程课就迎来了快速发展，并在同年11月，又启动了面向8~12岁少儿的探月少儿编程项目。

到了2019年年底，编程猫小火箭幼儿编程课业务的单月流水已经突破了千万元。

同样，2019年也是AI课堂站上风口的一年。相对于小班直播，客单价更低的AI录播课在一线以外的城市拥有着更高的渗透率。对于少儿编程机构而言，AI录播课让师资供应的难度大大降低，机构可以更快地获取和服务更多的学员。

从编程猫来看，在技术、教研师资、内容等方面已经相对成熟，只要将AI录播课打磨好，其发展速度及规模或将远超之前的直播课业务。从今天的结果来看，也的确如此。

2020年是编程猫低幼端产品"小火箭幼儿编程和探月少儿手机编程"业务规模实现爆发性增长的一年。

据徐鼎松透露，在团队规模方面，编程猫AI录播课项目从2020年1月份的300人，扩增到了3月份的700多人，再到现今的2000多人，已经占到了编程猫整体团队规模的30%。其中，负责前端体验课转化的老师和服务后端正式课学员的老师均超过了1000人。

另外，编程猫 AI 录播课项目独立的产研团队规模已经超过了 100 人。对此，陈婉青曾在分享中提到，编程猫考虑到经营方式、产品形态以及各业务线的不可复制性，允许单一的业务线中有自己的产研团队和运营团队。陈婉青说："虽然，这样的组织结构成本更高，但是在公司的高速发展期，这样可以让各个业务线基于自身的特性和发展阶段，自由且高效地调动资源，从而保证在高速发展状态下的稳定运营。"

"今年的 AI 录播课业务的爆发既在我们的计划中，也不在我们的计划中。"徐鼎松说道。

在计划中的是，编程猫内部非常看好 AI 课在市场中的发展前景，尤其是在下沉市场。目前，编程猫 AI 录播课超过 80% 的学员和超过 87% 的体验用户均来自非一线城市。

对此，编程猫 AI 录播课的项目一直在做干部储备，这个干部以教师为主，储备比例在 30%~40%，其内部预计对储备干部的实际需求在 10% 左右。

不在计划中则是 2020 年的发展速度超过了编程猫管理层的预想。但得益于早早就在进行的干部储备，并没有出现师资供不应求的情况。

上述中的小火箭幼儿编程和探月少儿手机编程虽然是 AI 录播课，除了和市场上一些同类的产品一样会提供社群辅导服务外，不同的是编程猫面向低幼端的 AI 课程每周会为学员提供一节直播课。同时，也会定期和家长约定时间，为学生提供 1 对 1 或者 1 对多的视频教学。

"最初，每周为学员提供一节直播课来进行教学的补充，是老师自发性的行为。他们认为在录播课之外，可以通过直播来为学生进行讲解，这样会使学生的学习效果更好。"徐鼎松表示,"录播课基本都是在社群里为学员进行作业讲解、问答反馈,但我们发现很多内容只是传递给了家长,并没有传递给孩子。接下来,我们尝试了为孩子提供课后视频,但是在互动性方面还是比较弱。最后,演变成了现在的每周一节直播课,并由专业的老师来进行。"

值得一提的是,编程猫AI录播课业务在续费端强调的并不是业界中盛行的完课续费,而是订单续费,这完全是对于课程产品的自信。

"我们很多的学生家长,都会在完课前就进行了续费。这个续费并不是冲动消费,而是反映了对我们课程产品的评价。"徐鼎松说道,"目前,我们的订单续费率在70%左右,一些老师甚至可以做到90%乃至是100%。"

编程猫新零售业务如何面对"质量和数量"的矛盾

从整个教育市场来看,线下合作的营销模式扮演着非常重要的角色。虽然,对于教育机构而言,线下合作业务一直存在着不确定性,并且对于教育机构在教学、管理、运营、获客等环节的能力储备上要求甚高。但是,不可否认的是,这种模式是整个行业发展中的一种必然趋势。

基于成本和流量的双重考虑,编程猫2018年在保证原有C端业务课程体系、编程工具的研发、迭代的同时,也建立了一套"重运营、强管控"的合作校管理服务体系,在2018年年初开始悄悄尝试进行探索。

经过一年多的时间验证,编程猫决定快速拓展线下合作校这一线下业务,继而形成流量不错、成本也相对可控的校区模型。李天驰在发布会上宣布，编程猫正式推出"百城千店"计划，三年内将开设1000家以上的线下少儿编程教学中心。

虽然，发布会上提出了三年"百城千店"计划，但是编程猫并没有片面追求数量增长，而是在稳步走路，至今为止开设了600家合作校。

编程猫新零售业务负责人刘明旭表示："'百城千店'计划只是一个战略目标。在向着这个战略目标前进的过程中，校区稳定健康运营才是第一标准。"

"基于编程猫扎实的研发能力以及品牌影响力，2018—2019年想要咨询和了解编程猫线下合作的意向客户比较多，当时我们的招商团队规模小，在进行服务时已经有些吃力。因此，我们就决定集中式为大家做一次编程猫的项目说明会，从政策导向到公司层面，从工具、课程到服务，可以为大家进行比较详细的解读。"刘明旭说道，"这在我们的成交额上也可以得到验证。"

三场招商会下来，编程猫已经签约的合作校数量，远远超过了刘明旭及团队的预期。这对编程猫运营团队的服务效率提出了更高的要求，"品控"也成了接下来的重点工作。毕竟质量和数量，始终是存在一定矛盾的。

因此，从2019年6月份那场招商会过后，编程猫的新零售业务线将原本的业务拓展重心，转向了增强合作校的运营健康度。编程猫新零售业务组建了几十人的团队专门负责线下门店扶持，让每一位合作伙伴从进入筹建期到日常运营，都有一位专属教练相"陪伴"，始终与校长保持密切联系。

陕西的一位编程猫合作校的负责人李涛就属于是编程猫教练"手把手带出来的学员"。从2018年年末至今已在陕西杨凌、西安、宝鸡等城市开设了四家编程猫的线下校区。其中，最大的校区500多平方米，小的校区200多平方米。

他对睿艺表示："刚刚选择加入编程猫时，我对于校区运营、招生不是很了解。但是，编程猫为我们每一个校区都配备了教练组，在装修过程中，教练会到校区实地给出装修建议。"

除此之外，在日常运营过程中，编程猫的教练组每天也都会基于招生、管理、运营等工作和合作校进行线上沟通。"经常晚上十一二点，我还在和教练进行微信或电话沟通如何考核负责市场前端招生获客同事的业绩。"李涛老师说道。

值得一提的是，在做线下推广、获客活动时，编程猫的教练每天都会拉着李涛老师及其校区的同事进行复盘。李涛老师坦言："说实话，做线下活动真的非常累，有时作为校长的我都会闪现偷懒的想法，但是教练非常坚决地让我们当天不论多晚，都要开复盘会，希望我们在做好当天工作总结的同时，针对做得不好的点在第二天做出改进。我觉得教练比我还努力、还用心。"

基于对编程猫教练组的认可，李涛老师在接受采访时对睿艺半开玩笑半认真地讲道："如果有可能，我特别希望可以将这位教练挖到校区做校长。"

刘明旭表示："这种筹备、运营一体化的服务让教练组可以更了解校区和校长，教练组也会成为校长最亲密的创业伙伴。这样的服务不仅使双方的了解更直接深刻，也从一开始就建立起深厚的合作关系，有助于后续的校区筹备、开业与运营获客工作的开展，从提前招生到开业当日的招生，都可以实现新的磨合突破。"

另外，因为编程猫的每个教练组都要负责多个区域不同校区，所以这样服务获得的成功经验更可以复用到其他校区中。

除了简单的线下合作，编程猫也在做更多的线上、线下融合尝试。其中，如何充分利用好双方的消费剩余，深度挖掘客户资源池是现阶段的重点探索方面。

李天驰介绍，针对这一问题，编程猫将通过在全国范围内设立卫星店以及试点合作机构，设立专门的电销团队，打破传统的单一课程销售制，着力对线上、线下的意向客户开展二次转化，根据家长意向推荐线上或者线下课程以及定向组合课程包，在为家长提供更多选择的同时，也打通了线上与线下的资源池，打造获客闭环。

◎ 结语

未来教育行业的形态，一定不是只靠单一的业务线，或者单一的学科去发展，这在现今的教育行业中已经有了雏形。成熟的企业一定会开始打组合拳，形成稳固的森林生态体系，而非简单的几棵树。

李天驰对此也有着相同的看法："未来，企业间的竞争将从单品之间的直接比拼扩大到矩阵产品的较量。"

同样，编程猫也正在朝着这个方向去发展。

根据陈婉青透露,编程猫除了上述提到的几条成熟业务线外,还有两条发展期业务线和五条孵化期业务线。

这些业务线,就是编程猫森林生态体系中的树、花、草、河。它们各司其职,相互协同,从而形成了一个可以承受最多冲击的完整、健康的生态。

乘风破浪16年,"自我进化者"希望美术教育如何穿越周期

在美国管理学家詹姆斯·柯林斯、杰里·波拉斯出版的《基业长青》中,作者推崇那些关注市场和用户,更注重自我改进,且不是把对手当作最终目标的公司。这是企业永续经营的准则之一。

美术教育行业近几年来风云变幻,新模式、新技术、新思路"风起云涌",不断影响和冲击着传统的经营思路、教学内容。

从2004年创建第一家校区至今,希望美术教育已经深耕少儿美术教育16年,成长为拥有220家直营校、700家加盟校、直营校在读学员数超过10万名的行业头部。

这期间,少儿美术教育行业的从业者来去无数,目睹和经历了数不清的从业者起高楼、宴宾客,最后楼塌了,坚守到现在屹立不倒、持续精进者屈指可数。

最能够体现希望美术多年积淀的管理和组织能力的，则是其对2020年突如其来的变化的应对。2020年，希望美术教育爆发出了强悍的自救能力，全员上阵，不裁员、不降薪，节奏明确。希望美术从上到下的强执行力、创始人决策时的魄力和勇气、这之后继续拓展线下直营校的坚定和底气，从何而来，如何构建？

本篇内容是希望美术教育首次对外披露其16年发展历程，其中有太多的积淀和思考值得分享和学习，受采访时间和篇幅所限，作者希望在文中通过描述希望美术发展历程关键节点的思考和应对措施，挖掘出这家企业穿越企业发展周期和产业发展周期的核心能力。

希望美术起步：因爱出发，用"艺术启迪智慧"，做行业革新者

"我和院长还没有毕业就确定了要做少儿美术教育。就是因为我喜欢美术，喜欢教学，看到孩子的变化、绘画水平提升，想象力、创作能力、绘画能力越来越好的时候，很有成就感。"说起创办希望美术的原因，希望美术创始人王洪波在接受本书采访时说道。

王洪波提到的"院长"正是希望美术教育联合创始人、灵感少儿美术教育研究院院长史金良。当时二人既是同学，也是舍友，美术是二人在大学学的专业。在即将毕业的那段时间，为了了解当时少儿美术行业现状，他们深入调研了山东省内外的儿童美术教育市场，发现当时少儿美术教育行业虽然从业者众多，但经营模式以家庭作坊式为主，教学、运营、管理几个维度都缺乏专业性和科学性，具体表现包括：不同年龄学员在一间教室，"满堂灌"成为当时市场上主流的教学方法，"画得像不像"则是评判教学质量的主要标准。更深层面的课程体系、分层分龄教学、师资培训体系等更是缺乏相应的概念，当时只能叫作"培训班"，还达不到"机构"的标准。

当时的行业现状与经过四年专业学习、接受了现代教育的王洪波、史金良的教育理念完全不符，教学方式和培养目标更是相差甚远。虽然还未毕业，但是王洪波与史金良凭借着对美术的喜爱、对未来市场前景的看好，俩人在宿舍就确定了创业项目名称——"希望美术教育"。

眼看着大学毕业日期临近，对于二人来说，毕业即创业。

2004年7月毕业，二人正式开启了希望美术的创业之路。

在希望美术创办之前，二人就明确了要向家长推广现代教育理念——"艺术启迪智慧"，这也成了希望美术教育的教育理念，通过艺术去启发儿童，通过少儿学习绘画的过程，锻炼儿童的观察能力、想象力、发散性思维能力，锻炼审美、耐心、自信心，助力儿童全方位的发展。

在与家长沟通时，先进的教育理念吸引了众多家长咨询，再对比当时同行的教育理念和教育方式，当地的很多家长很快被打动，也迅速显现了希望美术教育与其他同行的区别。

在行业中逐渐有了一席之地的同时，国家政策对素质教育也越来越重视，给希望美术的发展带来了"风口"。自1999年起，中国进入了全面推进素质教育发展的阶段。随后的连续几年，每一年都有国家层面的政策出台推动素质教育发展。在2004年，确定了实施"新世纪素质教育工程"，注重以整体改革的方式推进素质教育。

2005年1月，教育部公布了当年的教育改革与发展的六项重点工作，其中之一就是坚持"育人为本、德育为首"，全面推进素质教育。

国家多年的政策引导为素质教育发展营造了好环境，家长认知逐渐改变，对素质教育越来越认可。希望美术先进的教育理念和教育方式，让其迅速脱颖而出，2005年成为当地的少儿美术培训第一品牌。

随后，希望美术在山东省其他地区开设直营校。

2009年，希望美术教育拥有5000多名在读学员，9个直营校区，连锁化企业的雏形已经出现。无论是在校生数量、营收水平，还是直营校区的数量，希望美术都在山东乃至全国排名前列，而且团队拥有了更大的决心和发展目标：成为全国少儿美术领军品牌。

要想成为全国少儿美术品牌，必须走出山东，走向全国。但在此之前仍然需要解决一个难题：标准化。校区经营管理的标准化程度越高，那么复制的难度就越低。2010年，希望美术开始跨区域发展。在跨区域发展的过程中，持续打磨和细化了希望美术的标准化程度。

到2012年时，希望美术教育已经建立了一整套艺术培训机构的现代管理体系，建立了从总部到地方的体系化，由总部负责决策，地方负责执行。

2013年，希望美术教育进军北京，在北京设总部，开放B端加盟业务。当时希望美术教育在全国拥有56家直营校区，在郑州、济南、北京等多个重点城市都有校区。也就是在这一年，核心管理团队对未来发展方向做了战略性讨论，登陆资本市场的想法肇始于此。

从2013年至今，希望美术的直营校从56家扩张到了230家，平均每年新开29家直营校，是希望美术教育发展最快的阶段，在素质教育领域，这个规模的直营实力还是很少见的。

校区数量快速增加是一个外在结果，支撑起发展的内核才是关键所在。这个内核就是希望美术独有的管理架构和标准化运营管理体系，以及具有核心竞争力的美术课程体系。

目前，希望美术建立了集中式（总部核心高管决策）+矩阵式（地方校区落实执行）+走动式（类似于区域经理，市场&教学双身份角色，既能理解总部决策，又能深度理解市场和业务，帮助指导地方执行）的管理架构。

睿艺将这样的管理模式称之为"强总部（后台）、弱前台"——核心决策、标准化体系搭建、教学教研、师资培训等均由总部完成，一线的任务主要是执行。这种模式，与好未来的"大后台、小前台"背后的逻辑类似，最大限度地提高了标准化，保证了教学效果。

标准化运营管理体系则涵盖了公司运营的方方面面，如目标管理体系、培训学习考核体系，决策机制，绩效体系，甚至开会都有标准化流程。计划管理体系则要求希望美术下一年的年度经营计划须提前半年确定。在睿艺就本书采访期间（2020年9月底），希望美术2021年经营计划第二稿已经修改结束。

运营管理上，以单校区模型起步，从招生、教师培训、教学服务等方面建立起一套可复制的运营体系，班型设计、师生比、单校区面积、教室数量、微信公众号运营等都有统一的标准。以一个分校校长为例，每天、每周的会议管理、计划管理、团队建设、业务检查等都有明确的固化工作量。固化工作量详细到周末的课堂巡班频次、听课标准、接送家长的服务标准等，且每条固化工作量都有相应的工作标准及汇报检查制度，以确保分校校长工作扎实可控。以周为单位对校区的环境创建（品牌规范化品质）、固化教学服务项、作品效果外化、阶段性数据、团队建设等进行检查、指导与培训。

在教育核心竞争力课程方面，希望美术教育教学研发能力更是遥遥领先同行业，"多元美育课程体系"以及获得专利的"激励式课堂管理体系"随着16年的不断探索和研究越来越助力于少儿美术教育行业的发展。3.0多元美育课程体系、双师课程课堂应用、希望美育在线App、多栏目家校互动直播平台等课程产品的矩阵，让希望美术教育在行业内起到了示范性效应。希望美术教育3.0版多元化美育课程体系正是在借鉴学习了皮亚杰、罗恩菲尔德、艾斯纳、克莱尔·格罗姆、鲁道夫·阿恩海姆、里德等多位世界著名的美术教育家、儿童教育心理学家的理论指导前提之下，结合我国现阶段儿童美术教育发展的现实情况，将"美术学科的核心素养"和"国家中小学艺术素质测评要求"进行深入的贯彻和落实，进而整理出来的一套完善的现代化的多元化美育课程体系。课程产品也得到中国美术家协会、中央美术学院、中国美术学院、清华大学美术学院、西安美术学院等多位知名教授、专家的高度认可和赞许，也在行业内首开先河，引领课程教学产品改革。

2019年3月，在其第15个年头，希望美术母公司希望教育成立上市筹备委员会，立下了五年上市的壮志。这是希望美术团队一贯的风格，争做标杆。同时设定了40%以上的年增长率目标，并落实20城"希望300计划"：在20个城市拓展300家希望美术教育校区（现已建设完成230家）。

综合来看，希望美术在课程研发、运营管理等方面都没有依照传统，没有被教育培训行业的固定思维束缚，它在不断地突破自我、学习、创新，是少儿美术教育行业中的革新者。

决胜的关键因素：体系化管理和标准化运营

2020年1月20日，临近春节，一切都处于祥和、快乐的气氛中。此前一年希望美术已经在武汉开设了5家直营校址，春节过后就要大干一场。

但庆祝新年的钟声还未敲响，新冠肺炎疫情突袭而至。复工复课似乎是遥不可及的事情，所有教培行业从业者的目标是"先活下来"。

"压力山大"从来不是一句玩笑话。当时，希望美术在全国已经有200多家直营校和600多家加盟校，直营校在读学员10万名，员工2000多名。既要做好团队内部正向认知建设和状态调整，又要做好直营校和加盟校在读学员的课程交付，以及接下来做好希望美术这种以线下实体为中心的机构的未来发展规划。

在这样的环境下，想要成功度过这次危机，绝不是企业的单一部门、单一能力可以应对的。企业日常的组织文化、管理运营功底和战略眼光经受着巨大考验。

希望美术教育在应对变化时爆发出了强悍的自救能力，全员上阵，不裁员、不降薪，节奏明确，能够深刻体会到公司从上到下的强执行力、创始人决策时的魄力和勇气。

第一时间，希望美术由创始人王洪波带领公司高管，提出"六保六稳"方针抗疫，具体为保品牌、保优秀团队、保口碑、保校区、保在校生、保待遇；稳秩序、稳人心、稳客户、稳教学、稳价格、稳预期工作。

落实上述方针的具体措施是：

文化建设方面，由希望美术行政文化中心发起。除了每天发送实时新闻动态之外，还有计划、有节奏地开设视频和音频形式的培训，调整团队认知。先由希望美术董事长对高管进行培训，然后依次是部门负责人、地区负责人，不同层级提前设定好培训内容和培训频次、培训时间。

除了关心希望美术的员工，还会照顾到员工的家人。在这期间，如果有老师生日，希望美术通过电话或者感谢信的形式，对员工的家人表示感谢和关怀。

除集体培训外，希望美术针对管理层和老师的沟通制定了"5321"法则。

员工层面，希望美术对老师不裁员、不降薪，因为裁员、降薪都是双刃剑，裁员、降薪虽然可以降低公司成本，但也会造成员工人心惶惶，从而导致更大的不确定性，老师稳，校区才能稳。管理层则做好"长期过苦日子"的准备，这期间各级管理层基本主动折薪30%~50%，未发的工资挂靠在暑期和全年的任务指标之上，在完成各个阶段的相应指标后，这期间降低的薪资将全部返还。

在品牌方面，希望美术坚守底线，维护品牌品质。希望美术80多名教研人员，基本是996工作模式，不到3周时间研发出两个月的免费在线课程，在2月3日推出100节的专业儿童美育课程，免费给在读学员使用。

2月6日上线了针对少儿美术行业机构的"手抄报老师"App，涵盖1000余种元素画法、2000余个主题素材、600余个视频演示以及200余个主题制作步骤。这个App免费开放给全行业使用。

至此，借助多年的专业教育积淀和对技术的持续投入，希望美术教育成为少有的同时为 C 端家长和 B 端同行提供免费服务的机构。当众多少儿美术机构慌乱、焦虑、无助的时候，这两款免费的产品稳住了希望美术在读学员，也帮助全国其他同行机构有课可教，学生有学可上。企业格局和行业影响力，由此可见一斑。

随着环境变化，希望美术开始考虑学员消课和公司收入问题，加快了在线直播授课平台的研发。

早在 2018 年下半年，有战略前瞻性的希望美术便着手探索线上授课模式，并在杭州成立技术研发中心。这期间，杭州技术团队开启在家办公模式，在原有的在线技术的研究成果上，全力开展线上直播授课系统研发。

2020 年 3 月 27 日，希望美术自主研发的在线授课平台希望云课堂正式上线。希望云教室采用小班直播课的模式，1:15 的师生比，师生之间、生生之间相互可以看到，并可实时交流互动，真实还原线下课堂互动场景。希望云教室还采用双摄像头教学，既能看到老师的表情，也能看到老师的绘画示范细节。

睿艺详细了解了在线课程的研发和设计逻辑，并体验了在线直播课后发现，为了保证课程效果，考虑到学员年龄较小，教师和学员的线上课经验不足等问题，尤其是在线教育新用户很容易因为细微的不好体验而放弃，所以设计了颗粒度极细的标准化动作，只要完成这些标准化动作，学生的在线直播课的体验和效果就有保证。同时对老师进行线上课磨课和教学培训，知道出现突发情况如何解决。比如上课过程中学生走神儿怎么办，信号不好怎么办，学生听不懂怎么办，各种常见问题的解决方案都在培训范围内。

在史金良看来，上述问题在课程研发的角度，用标准化程度高的课程模块形式可以解决。

第一，材料准备，包括课程所需的绘画材料、需要使用的绘画工具提前摆放。比如这节课需要用到的几种颜色的颜料提前找出来并拧开盖子，否则大概率会发生学生找颜料和拧盖子浪费时间。

第二，课前10分钟准备，用视频演示的方式教会学员和家长使用线上课程平台，比如镜头切换，如何观看老师绘画的细节，如何举手，等等。

第三，点名互动环节，目的是在正式上课前调动学员的积极性和创作欲望。

第四，正式上课。老师用5~8分钟讲解本节课的内容和主题。之所以规定这个时间，是考虑到这个年龄段的孩子注意力集中时间短，避免孩子走神。

老师讲完后，紧接着播放和课程紧密相关的动画。这个动画解决如何画和画什么的问题。在制作时把动画做切片处理，分模块展示讲解。比如要画过生日，先画蛋糕和人，然后是桌子上的美食，这样孩子大脑中的记忆也是模块化的，有助于孩子记忆。

除了上述环节，老师还会对学员的作品进行点评，会将整个课堂过程进行录制，最后浓缩为一个三分钟的视频观看回放。

总结来看，希望美术每堂在线直播课都包含完整的在线艺术学习流程，分为课前预习、互动授课、引导示范、课后回顾、作品点评五个步骤。上课过程中，除了线下课堂常见的引导方式，还能借助PPT、音乐、动画视频、场景实拍视频等多媒体方式丰富课堂教学，让孩子深入理解课程主题，进而更好地掌握绘画技法。

作为家长，既可以陪伴孩子学习，也可以让学员独立上课，孩子的绘画过程和老师的教学方式一目了然，感受到的是教学透明化。

这样的课程设置，学员作品完成度高，家长的满意度高，课堂效果有保证，所以家长愿意持续消课。

除此之外，线上课程要想流畅进行的前提是网络顺畅。希望云教室引用先进的底层音视频流，在保证高画面清晰度、高色彩还原度的基础上，确保最低视频延时。只要学生端网络信号不被占用，基本不会出现视频卡顿和延时的情况。

上述所有的努力，让希望美术在此期间的平均消课率稳定在92%，2000余名教职工流失率不到1%。

在各地允许线下教培机构复工复课后，希望美术学员线下到课率达到95%。

至此，线下教培机构在2020年的一个艰难时刻来临。当一切恢复如常后，所有的支出和退费都无法回避。有太多的培训机构在勉力强撑三个月后，家底已空，不得不背水一战。

不少培训机构试图用低价课引流圈人，后续再转化为正价课学员。这种伤敌一千自损八百的策略，对机构运营能力和资金实力有着极高的要求，如果后续转化效果差，机构资金难以维持，关门、跑路现象频频发生，整个少儿美术行业的洗牌可以说是在所难免。

希望美术在暑期招生上有自己的策略，除了一些优惠政策外，还包括几个必要的动作：

每周二的上午做暑期招生的带动，做市场情况反馈和培训；

校长全力投入，每天到校区与员工并肩作战；

给予阶段性的奖励，甚至在达到一定目标后日发奖金等。

希望美术副总裁孙镜健告诉睿艺："虽然2020年遇到了挑战，但今年暑假班的招生任务比2019年要高，从校均250人提高到校均300人。"

在采访结束时，希望美术表示暑期的招生人数，已经超出了2020年度经营计划中的原定招生目标，2020年全年实际招生人数大概率会超过既定目标。

这次挑战是希望美术发展过程中浓墨重彩的一笔，成为验证希望美术的运营管理体系、企业文化、团队执行力的试金石。从希望美术在特殊时期的表现和结果看，用大获全胜来形容并不为过。在希望美术教育创始人王洪波看来，长期以来的企业文化建设、健全科学的运营管理体系、强执行力，这三者是保证希望美术决胜的关键因素。

一年新开50家直营校的依据和底气是什么

这之后，很多线下教培机构对校区的扩张持谨慎态度。但希望美术总裁李新卓告诉睿艺：希望美术会继续坚持线下扩张的步伐，2020年原计划新开50家直营校，希望将此前拖慢的开校节奏尽快追回来。

在接受睿艺采访时，希望美术在徐州新开的五家直营校区刚刚投入运营。

坚持线下继续开设直营校这一战略背后的底气有两点。

一是基于希望美术教育多年的行业认知和对儿童发展规律做出的判断，考虑到少儿美术行业的特点和线上线下教育场景能够满足的不同需求，未来一定是线下为主，线上为辅。这并不意味着希望美术会放弃线上，而是根据线上、线下满足的不同需求做出规划。目前，希望美术已经研发出OMO双师课程，加速了对在线直播课的探索，收获了经验和能力，未来这部分能力会继续迭代升级，甚至推出新产品。

二是希望美术多年来积累了从运营管理到师资，再到课程的经验，有一套完善的标准化体系，将开店和运营的难度降到了最低。

2017年，希望美术意识到信息化系统的重要性，开始自主研发。在持续推进了两年后，于2019年投入使用，实现了以绩效指标为抓手将客户管理、前台报名系统、排课系统、消课系统、教学服务系统、教育反馈系统、教学核查系统等运营节点闭环串联。希望美术将所有校区的所有运营数据全部打通，根据数据做决策成为常态化，并得以实现精细化运营。

比如在招生数据方面，信息化系统的细节可以落实到新招学生的来源，究竟是来自老师、市场人员还是转介绍；再细化，可以区分到底是带80个学员以上的老师还是所带学员不足80个的老师；家长口碑多还是市场人员口碑多；各个角色招生的转化率有多少等。与此同时，数据化也可以直接应用到绩效上，纯线上和纯线下的老师、市场人员的绩效不一样，在信息化系统下就更为直观。

在师资培训方面，师资复制能力作为制约教培机构对外扩张的重要因素，有鉴于此，希望美术搭建了一个完整闭环：首先，在招聘环节要求教师具有儿童教育或者艺术教育专业本科学历；其次，必须通过希望美术专有的新教师培养计划（鸿雁计划"353模式"）；最后，上岗后再根据周、月、季、年进行标准化的考核动作，不合格的教师都需要重新到"黄埔军校"回炉。

在课程方面，希望美术在2018年开始研发美术教育OMO双师课程，这是因为纯线上课程无法解决温度、态度、体验感、个性化的问题。比如老师带着学员去写生、去博物馆参观学习、一起上面对面的分享课等只能在线下完成。而线下教学存在的问题是，不同的授课教师会因为自身能力、教学经验、授课当天情绪状态等多种因素影响教学效果。

OMO双师课程可以完美结合线上、线下两种模式各自的优势，而且线上课程可以使用更加丰富、直观的素材，帮助学生理解和记忆。目前，希望美术一节完整的OMO课程，分为不同的模块，先由线上教师进行本节课的背景和主题讲解，占比30%；剩余时间则交由线下教师带领学员进行创作、1对1指导、作业点评等，占比70%。

OMO课程大大降低了对老师的依赖程度，保证了课程的效果。这套课程在希望美术校区使用了一年多的时间，反响良好。

◎ 结语

相较于看得见、摸得着的运营管理体系和强执行力，企业文化就像一只看不见的"手"，时时刻刻影响着企业的发展。

罗宾斯在《组织行为学》一书中提到，决定组织文化的是三点：第一是创始人的人格特性；第二是高级管理者们的真实行为；第三是员工的社会化，即日常向员工宣贯，以及通过制度和日常工作等让员工融入组织文化。常有公司把组织文化价值观的KPI压给人力资源部门或专门团队，却不知道这方面即使做到完美也只是第三影响因素。

创始人的性格特征是怎样影响组织文化和价值观的？主要是通过招聘、晋升、赏罚、离职过程中的双向选择影响的，企业经营时间越长，组织文化价值观越取决于创始人的性格特征和自我提升能力，除了抓住第一个大机遇的运气，企业创始人最重要的能力就是自我提升能力。

王洪波总结，自己带给希望美术的影响、植入希望美术的基因是实干和踏实，"从自身开始，创始人的为人处世、格局、奋斗精神会感染核心高层，核心高层又去感染和带动各自负责的地区，一层一层往下传承"，慢慢地，执行力就成了一种文化。

这其中，最能够体现"实干和踏实"的细节是，希望美术教育所有高管，包括创始人、联合创始人在内，都要负责某一个城市或者地区的业务，每周末都要去校区值班或者听课。

很多人会认为，作为公司高管，应该拿出更多的时间思考战略等宏观问题，没必要纠结在细枝末节上。但在希望美术看来，管理者随时听得见"一线炮火"的声音才能做出更了解市场发展走向的决策和战略。

此外，希望美术规定，每年拟定年度计划时，必须专门留出固定时间段进行战略研讨，希望美术内部称之为"点子会"。与此同时，希望美术高管每个月有两个半天用于集体活动和交流，比如打羽毛球之类的。

既要低头走路，也要抬头看天。二者并不矛盾，挑战在于拿捏其中的平衡。

近年来，国内企业家和投资者愈来愈认可长期主义的价值。何谓长期主义？高瓴资本的张磊认为，长期主义是一种清醒，它帮助人们建立理性的认知框架，不受短期诱惑和繁杂声音的影响。

希望美术教育的发展历程是长期主义价值观的最好体现，专注、精进、专业。

如今，扛过挑战，希望美术又将重整行囊，继续向着上市之路迈进！

对赫石有着里程碑意义的挑战，"教"会了赫石什么

一位心理咨询师在七年前为了孩子的健康，在中国率先探索儿童体适能的发展。经过七年的摸索，打造了被行业内公认的课程好、口碑好的儿童体育培训机构。

七年中虽然也遇到不少困难，但都没有2020年的环境变化带来的影响大。在创始人张琰的眼中，这对赫石来说是一次具有重大意义的磨砺。

在这个时期内，每一个决策、每一个思考和讨论都在影响着未来。而与同行们的痛苦求生相比，赫石的特殊之处在于一开始就进入了一种作者称之为"决战"的状态：动员每一位赫石人都拼尽全力，与自己过去的认知反复较劲，试图不断接近"事实"。

青少儿体育培训是受环境影响最严重的赛道之一。有人将体育教育企业从线下转型线上形容为重新创业。"不，比重新创业要难。因为有历史包袱的束缚和大环境的打击。"之后，这位业者强调道。

赫石在2020年的表现是，既要甩开历史的束缚，又要在短时间内快速成长。

从兴奋到挫败，再到冷静的在线课探索之路

2020年1月20日开完年会，赫石创始人张琰去河北崇礼滑雪，22号晚上，她接到了一个高管的电话："你是不是在外地滑雪？你回来的路上有没有口罩戴？"彼时的张琰并没有因为这通电话而紧张，虽然身旁的确没有口罩。

1月21日，张琰收到武汉即将封城的消息。

张琰得知消息后当天下午返回北京。

1月23日（腊月二十九），团队决定做线上课。关于这个决定，张琰最初的想法是希望团队所有人不要那么颓废，有事可做，和学员保持联系。在线下停滞、全民上线的情况下，谁也无法确定线下何时复工，家长也只能接受线上课，因此探索线上课成为团队当时唯一的选择。

1月25日（大年初一），赫石全体员工在线开工，由张琰告诉公司所有人关于在线上课的决定，也动员所有赫石人行动起来。

1月27日，赫石的教练们还在各自老家录制课程，所以1.0版本的课程背景五花八门。这个时候为了看课程能不能完整、流畅地进行，所以赫石提前将关系比较好的客户们拉进了一个群，由他们进行1.0版本课程的体验和反馈。

不到一周时间，赫石就做出了线上课程，为此整个团队都很兴奋。

1月29日（大年初五），上午10点开始线上报名，结果比团队预期要好。赫石线下会员大部分参与了线上免费直播课。

当时，有一部分员工回到北京，那个时候除武汉外，其他地区的人员流动没有受到严格限制，但是形势越来越紧张，很有可能不能准时回京，所以赫石管理层要求所有人在2月1日（大年初八）全员回京复工。所有成员在北京，可以全身心、集中精力做业务，也便于调动、管理。如果不来就相当于离职。除了家里封城不能出来。

这个决定对管理层和员工来说都比较艰难。等到2月1日，90%的赫石员工回京。

2月3日，经过改良的2.0版本24节线上课正式上线，免费开放给所有赫石会员。

事实上，当时团队处于一个交叉点，既要录制线上课程，还要负责员工回京后的住宿问题。因为虽然当时北京没有封城，但是市区部分地方已经限制活动。比如赫石原本计划在专业影棚录制2.0版本的课程，但是影棚被封。无奈之下,张琰开着车拉着教练们全北京找能够录课的地方。后来团队想到酒店的行政走廊,开阔、人少,但是录课后发现太空旷,音效不行。

最后团队在 Airbnb 上租到一个独门独院,在这里拍摄,录制 2.0 版本的线上课。

一部分回北京的员工没有地方住,赫石的人力资源部安排他们住进了酒店。

当人员安置好,课程录制完成后,2 月 3 日,赫石正式上线 2.0 版本的课程,免费开放给所有学员。之所以免费,"是觉得当前的环境最多三月底就会有所改观"。

面对非会员,赫石开始在 2 月 6 日正式开放销售,24 节线上直播 + 录播课,标价 2000 多元,成交价在 1000 元。

赫石能够在不到一周的时间内迅速推出线上课,睿艺采访了解到,其主要做了以下工作:远程办公时期各部门间高效协作主要有两个重点,第一个是全面线上办公模式的转变(钉钉 /tm 等线上办公软件),安排更新一套线上办公的时间表和要求(如每日视频会打卡,相关部门的复盘会等);第二个就是总部各部门主要负责人的每日统一反馈要成为固定动作,面对大量的信息反馈和不确定问题,每日进行沟通和相互讨论共享信息,再集中决策,整个过程都非常重要。举个例子,赫石从大年初一开始截至 2020 年 4 月,每天晚上雷打不动地在 21 点召开总部的每日例会。

可是到了 3 月份,事情并没有如预想般得到控制,反而是全球蔓延,确诊和死亡人数激增。那个时候，所有人都知道了，线下不能复课成了长期的事情。

为了增加现金流，赫石决定，3月14日会员的免费服务期结束，开始准备收费。会员可以把线下课转成线上课，也可以单独购买线上课。

与此同时，赫石团队加快了线上课程的研发节奏，将线上课从原来的24节增加到100多节。

从2020年1月底全员行动到3月开始线上课程收费，在这个过程中，赫石团队完成的是公司的转型，而不单是教学转型。日常办公、团队沟通、课程研发、教学教务等公司运营的所有环节全部都在线上完成。

在这个过程中，赫石团队的认知经历了极大的改变：从外界看，最大的转变是老师们都变成了网红；但最根本的转变是从课程到产品的认知，在线直播课程的研发经历了从兴奋到挫败，再到最后的冷静。

因为教练都是体育院校毕业的，乐观自信，都觉得自己上课没问题。但是坐在电脑前，靠着一个屏幕和一根网线，极尽可能地吸引孩子的注意力时，发现没那么简单。线下上课，教练可以面对面、手把手教孩子，放松、自然、课程效果好。线上上课，教练们得想尽办法让学员们既不能坐着不动，也不能太活跃，跑到镜头之外老师看不到的地方。

有一位老师第一次录制课程的时候，一下午只背了一节课的教案，最后崩溃大哭，哭完以后还要笑着上直播课，上完直播课继续录课。

这体现的是体育人绝不轻言放弃的特点。

赫石团队经过短时间、高频次的摸索、尝试后发现，线下好教练和线上好教练是两种能力模型。线上教练要求像一个演员，面部表情夸张，语气、动作丰富，赫石内部总结为"抓孩子能力特别强"。为此，赫石开始安排教练上表现力课程，其中一个内容是，用最吸引小孩子的语气和动作讲一个"大熊和小兔子一起拉屁屁"的故事。所有人都在练习、摸索，什么是最吸引小孩子的语气和动作。

要想线上课程效果好，教学道具少不了。耳朵一捏就立起来的帽子、好未来直播云平台上的魔力秀面具、动画特效成为教练们的常用道具。

这些只是外在的、表面的改变，更多的是团队内部的深度思考，比如课程研发思路和教学观念。

这期间，赫石参加了好未来组织的各种线上活动。而好未来内部对线上课的考核指标之一是完课率。完课率越高，说明课程对用户吸引力越强。而当时赫石线上课程的完课率始终在一个低值徘徊，让原本兴奋的团队一下子有了挫败感。

还有一次和学而思培优合作低价引流课。赫石教练写完课程找一些小朋友试课，为了知道学员对这个课程的真实反应，试课过程中让小朋友自然地跟着课程环节走。结果发现，教练精心设计的梗，孩子根本没笑，教练觉得特别没意思的地方，孩子却很开心。

这迫使赫石团队必须冷静下来，向更深的层面去思考：赫石原有的线下课程，孩子真的喜欢吗？课上到底听懂了多少？线下课程难度大，效果好的原因是什么？到底什么是一节好课？

讨论总结后得到的结论是，赫石现有课程内容硬核，知识点丰富，线下课程的效果和口碑好，很大一部分原因是因为教练水平高。因为从2013年成立到现在，赫石一直在老师招聘和培训方面做投入。这是赫石最擅长，也是最拿得出手的。因为教师的素质比较高，即便学员当时听不懂，但线下场景中老师能够用面对面、手把手的方式教懂。

一旦上课场景在线上，课程的效果主要依靠产品自身。如果没有考虑到这个年龄段孩子的特点，就会导致孩子没兴趣上课，完课率自然也低。

对此，张琰和教研团队意识到，赫石的教研需要改，而且线下产品还有很大的提升空间。

接下来，赫石教研团队迭代和升级课程的标准是，以兴趣为起点，以结果为终点。相应的，教法、教学内容等都会改变。比如原有课程中的一些专业词汇，非会员听不懂，动作难度对新学员来说难度高。如果只是把教案简单化，降低难度，会员又觉得太简单。所以教研团队需要在中间寻找平衡。

2020年赫石发展的关键词是"产品力"和"运营力"。赫石定位于"产品内容提供商"，尝试逐步构建多层次的产品矩阵：线下课程、幼儿园课程、小学课程、轻课、小班课、主题课、录播课、直播课。

从0起步的抖音运营之路

环境的挑战让所有的线下教学停滞，平行时空下，以抖音为代表的线上教学却迎来流量暴涨，成为许多教育公司转型线上的必要手段。相较于在抖音投放获客、找第三方MCN公司打造公司账号的做法，赫石采取的方式是外包+自营结合：邀请第三方MCN做顾问，可以快速入门；坚持自己从零开始，自研、摸索，最后的目标是一定要掌握抖音运营和主播孵化的方法论。

作为赫石创始人，张琰在公司一向严厉。当她宣布公司进军抖音的时候，公司里所有人都是不可思议、难以置信的表情。因为以往的规定是，为了保证教练教学、日常办公的专注力，凡是工作时间在校区、办公室刷抖音的都被开除。

谁敢在这样的环境下率先尝试？

赫石联合创始人郝萌萌率先行动起来。在她的带领下，赫石内部成立了短视频项目组，专门研究、学习抖音的玩法和平台规则。

需要说明的是，所有参与赫石抖音小组的员工均为自愿参与，每天和抖音相关的工作都是在做完自己本职工作后进行的，这意味着参与抖音工作的员工工作量是平时的两倍，甚至更多。

郝萌萌对睿艺表示："因为我们是从零起步，什么都不懂。那段时间为了快速建立对抖音的认知，自己工作完成后，带着团队疯狂外出拜访、学习、交流，回到公司、回到家疯狂刷抖音、看直播、找感觉。抖音上同行业、同类型机构的视频被拿来做案例拆解，然后试着模仿，写脚本，拍抖音。"

为了体验直播+卖货+社群服务的完整流程，尚未结婚的郝萌萌购买了产后恢复的产品，并且加入了这个产品的会员群："就为了体验一下直播卖货的流程和货物品质，了解社群的售后服务如何做。"还有一次，郝萌萌在看直播过程中听主播"忽悠"买了锅，结果第二天做饭的时候才发现，没买食材。那段时间，赫石办公室的前台堆满了各种各样的快递，都是体验和研究抖音直播所买。

而在最早一批线上产品的出镜员工选择上，既有些运气，但更多的是勇气。

2020年2月，当时能够回到北京，这件事本来就不简单。

郝萌萌说："有人问我们，为什么选择这个员工出镜做主播？因为那个时候她回来了。第一批回北京的员工全是战士。"

公司内好多同事都好奇郝萌萌他们每天在干什么，只能听见她们所在的办公区充满了"嘻嘻哈哈"的笑声，甚至有同事来问能不能加入。上述的场景在此之前都不敢想象会出现在赫石的办公室。

刷抖音时有多快乐，自己做账号的时候就有多痛苦。

抖音账号是想先火再立人设，还是先立人设？如果先出现爆款视频，再逐步立人设，那就会粉丝不够垂直，最后变现出现困难。这是网红的逻辑。

可是对于教育机构来说，公司不需要网红，需要的是精准粉丝。这样不论是品牌理念的宣传，还是后期变现转化才能更精准，效率更高。

以赫石旗下抖音账号"运动育儿喵喵老师"为例，前期主播喵喵曾经穿着正装、一本正经地讲授育儿知识，但是看过视频的都说"没感觉"。原因在于主播自身的育儿经验少，也不是一位妈妈的角色，所以拍摄育儿知识的视频显得刻意又不够有说服力。

当视频内容换成喵喵擅长的少儿体育运动时，则显得亲切、自然，尤其是配合着赫石体适能专业跑酷动作，显得尤为专业。目前这个账号已经积累了20万名粉丝。

除了"运动育儿喵喵老师"外，赫石旗下还有五个其他抖音账号。

为了平衡平台的各种利益，抖音规则经常变化，所以运营者经常会发现，原本好用的技巧在某一刻突然失灵了。这可能意味着平台规则发生了变化。

赫石团队拍摄短视频、做抖音直播的过程，就是不断被掀翻在地，又爬起来继续干的过程。原先建立的认知和获取的经验因为平台规则不断被挑战、打碎，然后再重新建立。在这样反复的过程中，认知和运营实操能力螺旋上升。

其实抖音作为流量池被重视，与近几年的智能手机和4G网络普及、流量套餐资费下降的大环境相关。在抖音之前，流量高峰和营销平台先后经历了信息搜索时代的百度、图文形式陌生人社交平台微博、人人都能发声的微信，不同的平台分别代表了那一时期的互联网巅峰时刻。

在赫石内部看来，抖音作为巨大的流量池，同时也是一种新的媒体形式和流行文化，是新一代年轻人的聚集地，所以一定要了解和体验。所以，赫石的第一目标是了解和熟悉抖音规则，掌握账号运营和打造主播的一套方法论。另外，营销方式每年都不一样，营销手段则可以通过花钱外包解决。

最核心的、真正的营销，还是依靠产品和口碑。

豁出去狠狠地干了一次

2020年10月16日,教育部召开发布会表示,学校的体育中考要不断总结经验,逐年增加分值,要达到跟语文、数学、外语同分值的水平。云南省已经做到了从今年开始体育中考与语文、数学、外语一样都是100分。体育课上教会了学生健康知识,教会了基本运动技能,教会了专项运动技能,不练习是掌握不了的。语文要布置作业,将来体育课也必须布置作业。现在要把文化课的作业减下来,但是体育作业必须加上去,这样才能够确保学生掌握运动的技能。

这条消息迅速成为微博和体育教育行业从业者朋友圈的转发热点。

未来中考中体育将和语文、数学、外语同样分值,对体育教育行业而言是一个巨大的机会吗?巧合的是,在2019年,赫石已经率先尝试过在线中考体育培训。

之所以尝试在线中考体育培训,是因为在张琰看来客户的需求有四个:更快的、更便宜的、更加准确的(把握客户需求)、更易得到的(使用产品的门槛不高)。在线的形式可以满足更快、更便宜、更易得到三个要求。

中考体育属于临时性培训。对初三学生而言,时间很宝贵;对机构来说专门设置这个课程内容明确(中考政策规定)、师资要求不高。

如果用在线的形式,不用来回接送学生可以省下很多时间,也不用设置高单价的课程。

事实上,不仅仅是线上中考体育培训有机会,体适能在线教学同样潜力巨大，并且在此期间赫石已经招收了3000多名付费学员。

整个挑战让全民接受了一次生命教育，重视免疫力和健康成为所有人的共识。在这期间，当赫石第一次推出线上课程时，团队成员心里也在打鼓：不知道家长对在线体适能课的接受度，更不知道家长对在线课程的付费意愿。当看到参与线上选课的学员占比达到60%的时候，足以说明家长对在线课程的尝试意愿。

随着线上课程的持续升级和迭代，付费的非会员数量逐步超过现有会员的数量时，说明了课程的被接受度逐步提高。

但是，在线课程不是没有难点，比如在研发家庭场景中的体适能课程时，必须考虑到家庭中能使用器械。

体育课因为需要足够的空间去活动，也需要大屏幕看清楚老师的动作。那么有电视的客厅成了最佳环境。上课时，投屏这个细节能让很多想要尝试在线课程的家长们放弃这一选择，尤其是只有老人和孩子在家时。目前，赫石正在和一个供应商合作开发一款盒子，以后投屏只需要插上一根线，不用调试，直接投屏，老人和孩子在家就能操作，这就是满足"产品易得"的特点。

在家长现有的认知中，体适能课程不能在家上是最大的难点，因为很大一部分家长没有见过在家上体适能课的样子。想让家长们尝试和认可在线体适能课程，需要些时间。

所以，未来线上课是一个很值得做的事情，在赫石内部也会成为一个独立业务。

尝试线上授课的同时，赫石并不会暂停线下扩张的步伐。因为线上、线下针对的是具有不同消费能力、不同需求的客户。

在2020年以前，赫石的线下校区以1000平方米左右的大店为主，目前赫石在尝试探索面积在600平方米左右的小店。在赫石未来的规划中，未来几年仍然深扎北京，旗下校区分为大店和小店。大店是旗舰店，更具品质感，品牌张力足。围绕着大店，周边布局"卫星店"。

在张琰看来，赫石在北京市场有机会布局40~50家，甚至70~80家校区。从市面上的少儿英语机构数量看，这个市场容量非常大，就看能不能把握住。

线下另一个创新尝试是在价格不变的情况下，所有课程改为OMO模式。一周一节线下课，两节线上小课。目前，赫石旗下7家校区均完成改革。

回顾2020年期间赫石的转型经历，张琰用了"豁出去狠狠地干了一次"来形容：

去年赫石希望尝试在线授课，但是考虑到家长的接受程度，只让一个工作小组进行中考体育培训的尝试，今年则是在退无可退的情况下，机会成本为零，全员心无旁骛地全力投入在线转型，认知和能力得到极大提升。这次转型，团队经历了很多的第一次：第一次远程招聘、远程培训、远程管理；第一次教练变主播、直播带货；第一次业务转型……

◎ 结语

在接受采访时,张琰回顾,2020年最大的感触是成长,团队的成长,即便压力如此之大的情况下,也享受这个事情。现在张琰在情怀之上关注教育与商业的结合。她欣赏扎实的运营逻辑和长期主义。因为在2018年以前赫石也面临过激进扩张的危机,为了占领市场,在当年从4家店扩张到9家店。好未来创始人张邦鑫给她的建议是:放产能是最容易的事,提效率、做健康很难,顺序是先健康再放产能,不然再大也没有意义。2019年,赫石回归业务发展和产品教研,也更为注重成本结构,包括做场馆调整,将相距不到2千米的两家店合并为一家。光是场馆调整,一年可以节省出来700多万元。

如果2019年赫石冒进扩张,现在局面会很被动。2019年所做的调整成为一个缓冲带。赫石的现金流储备很好,就算把所有学费都退完,还做好了能支撑很久的准备。

2020年是赫石成立的第七年。在张琰看来,"忠、真、勇"三个字恰当地描述了赫石在2020年的表现。

忠贞:所有赫石人对信任我们的客户、对体育教育行业的热爱和信仰;

真实:面对挑战,真实地面对自己,积极反思、总结,推动内在变革;

勇敢:面对不断变化的环境勇敢尝试转型,无所畏惧。

2020年素质教育行业的转与机 ▶

走出至暗时刻：经受锤炼，
秦汉胡同"双轮驱动"重新出发

2020年6月2日，上海校区作为秦汉胡同的首批复课点陆续实现复课，为沉寂数月的线下场景带来了生机；9月1日，北京作为最后一批校区完成复课，这层笼罩在秦汉胡同身上漫长的阴影也终于散开。自此，全国70余家校区全部完成复课，秦汉胡同线下发展一切步入正轨。

这场长达六个月的战斗，对于秦汉胡同而言，亦是一场锤炼和洗礼。

秦汉胡同创始人王双强坦言："今年是一个非常精彩的年份，经过这场洗礼，我们的组织完成了升维；在一片哀号声中，我们实现了逆势高速增长；国家也在政策环境上不断利好这个行业。"此外，在2020年3月份，在资本对线下场景几乎冷却的时候，秦汉胡同完成了1.5亿元的B

轮融资，给当时饱受停课压力的线下培训机构送来了一道"春信"。

人心不散在先，在线课程输出在后

70余家直营校区、1600名员工，停课的消息给了秦汉胡同一个正面的重击，停课等于线下营收全面折损，然而校区租金、员工工资等成本依旧，作为掌舵人的王双强，不得不考虑如何处理这一次危机，如何在危机中寻找转机，如何创造新的营收点……所有问题都在第一时间摆在眼前。

"首先内部不能乱，组织不能乱、人心更不能乱。"王双强表示。

2020年上半年，全员待业在家，这个时候，反倒成了秦汉胡同内部学习的最佳时机。一般而言，文博内容很难走出教研室，最精华的文人通识内容往往很难传达全员，为此，2月4日，秦汉胡同内部开始了彻底的全员文博教育扫盲活动。"从音频到视频文案，王总更是亲自参与了文博内容录制的整个过程。"秦汉胡同副总裁兼内容执行总裁伍智表示。在她看来，环境带来的冲击已成既定事实，但是可以通过学习的方式凝聚人心，面对困境的时候，全体响应，共度危机。

紧接着，秦汉胡同才真正开始推进在线课程。

考虑到内容无法标准化，且老师对于在线教学的陌生感，家长对于在线课的体验很容易大打折扣，因此，秦汉胡同并没有选择将常规的线下课直接平移到线上，而是选择了更容易标准化的内容进行打磨，先后推出了"万物皆诗——亲子小小鉴赏家""对联·书斋十赏""中小学古诗文同步精讲""硬笔书法""弟子规·精粹"等在线课程。

标准打卡课程的上线离不开内容和技术部门的合作输出，而在真正面向所有校区之前，秦汉胡同内部所有员工都成了第一批体验者。1600余名员工被划分成30个微信社群，每个群内都有一支由"学习委员、组织委员、纪律委员和小组长"组成的四人小团队。伍智再次回忆起这段全员学习和打卡的经历时，她觉得当时更像是一场大型的企业文化培训以及全员的文博知识扫盲。在学习结束后，员工对公司的内容和品牌有了更明确的认知，从不懂到懂，从浅显到深入。准确来说，秦汉胡同不仅仅是一家培训机构，更是一家具有深厚文化积淀与物证意识的企业。

而当内容打磨到一定程度时，课程才正式上线。2月11日，部分校区开始试点，面向学员全面铺开。

2020年6月，在各校区所在城市授课时间依旧不明朗的时候，秦汉胡同推出了部分科目的短期小课包，如围棋陪练、民乐陪练等，报名达到活跃学员数量的60%。而在小课包推出两周后，上海地区就开始正式复课，华南地区陆续跟上，一直到9月份，全国70余家校区全面恢复线下教学。

在线课程的推出，使秦汉胡同的产品形态更为丰富，不过王双强告诉睿艺，目前首要考虑还是先把线下做足，再与线上混合交付，实现"双轮驱动"。

在内部维稳之余，秦汉胡同还为运营出现困难的同业机构提供协助方案。10月10日，秦汉胡同发布公告，表示对于近期"半部论语"停业事件及其给学员带来的影响深表关注，并向上海半部论语学员及家长给予公益协助方案，如免费提供课时抵扣课程等。王双强解释，公益方案的提出是互利共赢的，一方面是承担社会责任，减少学员和家长的损失；另一方面秦汉胡同的品牌价值也可以得到更多用户的认可。

八年的数字化征程，从原地踏步、突破瓶颈到真正实现升维

2020年，数字化建设成为关乎企业生存与发展的关键要素，亦成为企业的必备能力和优势。

早在2012年，秦汉胡同数字化进程就迈出了第一步。八年前的布局在2020年似乎验证了王双强的预判。

所谓数字化，王双强认为："这并不是简单的IT部门的事，而是要将企业最大的智慧加权起来，这其间有对抗、有协同，需要在中间找出最大的公约值，把这种能力进行数字化，数字化以后使整个公司透明化、高效化、标准化。在这个过程中，企业的扩张边界和规模边界都被打破。简而言之，这是业务能力的再造和组织能力的升维。"此外，由于素质教育尤其是国学，科目多、用户分散且非刚需，王双强认为，素质教育企业的数字化更应该将企业的最强兵力放置于一线，从最前台解决数字化的问题。

秦汉胡同的数字化探索，是超亿元资金的源源投入，是八年时间无数次的跌跌撞撞。王双强说："期间也曾面临一年几千万元砸下去却烧不出任何成果的窘境。"提及数字化的突破点，王双强表示，在业务停滞后，内部重新组建了小组，且确保小组成员有足够的能力和权力，这是第一次突破的关键；第二次突破则在于真正将各部门权力"按"进系统中，也即将财务、人事、教务等权力实现透明化，此举有助于IT部门推进工作。

经过这场"拷打"，秦汉胡同的数字化得到了进一步的洗练，内外部的交付全部数字化了。数字化的升维加之线下的支撑，不论是OMO还是纯在线业务都有了可以支撑的后备力量。

同样的，面对突如其来的变化，数字化的构建成为企业核心的竞争力。机构是否完成组织升维，是否实现完全在线化（不仅仅是产品和服务），是否真正理解数字化成为关键。此外，王双强解释，一般来看，传统的线下机构和现有的在线机构，两者在数字化方面，后者更有机会："总的来看，都要拥抱变化，但是万变不离其宗，不能脱离产品和服务本身，不能离开教育的本质。未来，很有可能实现一家独大，赢者通吃但又不断裂变的格局。这是必然趋势，只不过环境促进了变革加速。"

高门槛的国学传统文化赛道，未来还有机会吗

"国学传统文化赛道的入局门槛非常之高。"王双强直言。

之所以这样说，原因有三。一是国学传统文化素来分散，走向集中的过程依旧十分漫长；二是科目类庞大，且长期来看，所有科目不能做减法，这对企业的组织、管理乃至商业逻辑都是挑战；三是由于国学科目的独特性，很难标准化，实现数字化显然比K12赛道困难，客观上也有时间的障碍。

尽管如此，但是并不影响这个赛道蕴含巨大的机会。

"鼓励小学在下午3点半课后时间开设校内博物馆系列课程""开齐开足上好美育课""艺术课程进中考"……一条条政策下来，从某种程度来看，是一种政策利好，小学到初中甚至高中，需要偏素质类的品牌，所以国学在这个年龄段依然有机会。此外，在线教育的机会是放大用户量的方式，同样适合国学，作为全龄文化的场景代表，国学不仅仅是知识的学习，还能提供电商和艺术品的服务。

王双强直言："国学教育的普及是一个文化产业进一步放量的入口，大有可为。"在他看来，目前市场上的部分产品用更猛烈的方式分割了语文教学的市场，不过，国学的文教和诗教会越来越符合政策导向，成为刚需。成为刚需后，需要面临的问题则是，其他创业者想要进入时，技术如何搭载，以及内容如何沉淀，这些依旧是门槛。

多年以前，王双强预判 2020 年将迎来国学真正的元年，这个前提是肃清混乱，告别萌芽。时间真正运转到 2020 年，在这一年长达六个月中，整个市场不断被调整，有些企业因为跟不上速度而被远远甩开，而另一些则在这场洗礼下获得新生，重整旗鼓，继续向前。王双强所言的"元年前提"似乎正在发生。

对于未来，王双强表示："秦汉胡同不仅仅是一个培训机构，它还有一个文化属性，希望这艘'航母'不论在商业上还是文明传承上都有所作为。而在经历了 2020 年的这些事后，我对秦汉胡同这两种可能都充满信心。"

打破行业魔咒！爱德米乐如何建立艺术教育行业的标准化，实现规模化扩张

创立六年，拥有 20 家校区、上万名学员；1：12 人的小班制教学，学员年龄低至 2 岁半，续费率超 90%；自第一家校区开业就加入的学员，连续续费 6 年。

这些是成都少儿艺术教育品牌爱德米乐的阶段性"战绩"。

作为一个孵化自成都最大素质教育集团创世纪的艺术教育品牌，爱德米乐已经成为当地最受家长们喜爱的艺术教育品牌之一。六年来，爱德米乐究竟凭借哪些有温度、有品质的服务打动家长？运营、管理上又有何过人之处，实现快速规模化发展？

以启蒙课程为入口，以标准化打下运营基石实现规模化复制

在传统教育场景下，大部分孩子的舞蹈学习是根据家长的喜好来决定的，但忽略了孩子自身的兴趣和潜质。针对这一问题，爱德米乐独创了"天赋测评体系"，从孩子启蒙阶段就开始挖掘孩子的兴趣和天赋，因材施教。

在爱德米乐，孩子从2岁半便可以进入启蒙舞课程。启蒙舞是爱德米乐的教研团队自主研发的，用讲故事的方式将拉丁、芭蕾、中国舞三个舞种的代表性动作融合到一起，完成学员的舞蹈启蒙和兴趣培养。课程结业的时候，会有一个艺术天赋测评，对孩子现场的艺术表现进行打分。测评结果50%参考孩子授课老师的意见，根据孩子平时的性格、动作、舞感等表现打分；50%由学科专业老师打分。最后依据最终测评结果为家长给出选报意见。

每年，参加天赋测评的孩子近千人，而在天赋测评之后进入具体专业舞种的学习：拉丁、芭蕾和中国舞。由于爱德米乐采用1∶12小班教学，为了抢到好的教学时间和好老师，在选班的一瞬间，选课系统经常会崩溃。

到了高阶班时，爱德米乐还会设立各个学科的专业班，为未来想从事艺术行业的孩子提供更专业的学科课程甚至私人定制。

在每年期中和期末，爱德米乐还会举办大型汇报演出，配备专业舞美及导演团队，学习时间在三年以上，达到表演标准的学员经过选拔后可免费参加，让孩子们置身舞台的中央，去切身体验艺术和舞台带来的成就感。此外，爱德米乐还会与影视学院等机构合作，为表现极为突出的孩子们提供演出及通告的机会，为具有童星潜质的孩子们提供影视剧进组和商业走秀的机会。

课程和教学内容经过了市场验证、获得家长认可后，对于企业的发展来说，如何实现规模化扩张是下一步需要突破的难点。

舞蹈培训行业的特点是，优秀的舞蹈老师培养周期长；而从艺术具备个性化的特质来说，舞蹈老师在形成和掌握一套方法论后，往往很难认同和学习其他的一些观点，这就造成师资和教学标准化的难度大大提高，难以规模化发展。这也是为什么市场上，舞蹈培训机构多是以小作坊或者夫妻店形式存在。

"加入创世纪之前，我在一线进行舞蹈教学十几年，也是从那时起，我就在思考能不能推翻'舞蹈无法标准化'的概念。"爱德米乐联合创始人王媛说道，"在2015年，我们准备开拓第三家、第四家校区时，老师的需求量一下子就上来了，但好的老师可遇不可求。我们想要规模化发展，还要保证教学质量和口碑，就必须去做标准化。最开始，我们将自己七八年教学经验中最要领的部分，从初级写到高级，制成教案后，培养一个新老师需要半年到一年时间；再后来，通过不断地打磨教案、完善师资培养体系，到现在培养一个没有任何经验的舞蹈老师上手，基本上三个月就可以了。"

得益于标准化体系的建立，创立六年的爱德米乐已经从1家校区拓展到20家，拥有上万名学员，每年学员续费率可达到90%以上。

当然，快速复制师资的能力决定企业发展快慢，但人才忠诚度和留存度决定了企业能不能走远。爱德米乐为了留住人才，职业规划上为员工设置了多条成长路线。

第一条路线是"金牌老师"。爱德米乐将老师成长划分为不同的阶段，对于一些只适合或者只愿意教学的老师，爱德米乐设置了不同职称和薪酬满足他们。第二条路线是内容研发。爱德米乐运营总部下的教研部，承担着所有校区的学科老师技能培养、课程研发、教学研发等工作，那么这部分员工的成长路线就是小组长、主管、教研经理到教研督导。第三条路线是校区综合管理。考验的是老师的综合能力，比如说情商、智商等各方面，这部分成长路径包括校区小组长、主管，最后到校长。

爱德米乐在标准化管理运营体系和清晰的职业晋升这两个方面的投入，解决的是以往很多教培机构忽视或者不重视的，但却能够影响机构生死的因素——管理运营机制和人才组织打造。管理运营机制解决了如何管、管什么，人才组织打造解决的是谁来管。

目前，爱德米乐的在职老师接近200名，而绝大部分管理层人员都是陪伴着项目从零起步做到现在的教师，只有10%的管理人员是外部引进的。

得益于师资培养体系完整和运营管理的标准化，爱德米乐的续费率达到了90%。

率先尝鲜OMO，打造"机构+家庭"双场景下"教+学+习"的完整闭环

2019年，爱德米乐为了实现家长服务的升级，让家长更了解孩子的学习内容，同时让儿童回家后可以有正确的视频参考练习，启动了线上课程的研发。

没想到的是，2020年，这些在线课程发挥了巨大作用。由于线下不能开课，而爱德米乐已经有了一定的内容储备，爱德米乐决定为1万名学员免费提供两个月的线上课。这一决定轰动全城，也让所有的学员家长感动，对爱德米乐好感倍增，大大降低了生源的流失。线下复工复课的当月，就几乎完成当月目标。

2020年9月，爱德米乐在公司成立六周年之际正式发布了自主研发的系列教材，推出"线下校区培训＋线下家庭绘本＋线上视频"联动的新学习模式。

其中，纸质教材主要以绘本为主，根据教材内容和每堂课的知识点，爱德米乐会要求老师为孩子们规定每堂课后的练习内容，并且制定了相应的奖励机制。其中，舞蹈学科绘本中，会把最难的动作放在里面，老师们除了可以在课间利用绘本给孩子们讲故事外，也便于孩子理解、对照每个动作的标准姿势，随时回顾、练习；而在教材配套的400多个线上视频里，家长则可以通过线上教学视频，直观地了解孩子的学习内容和学习水平。

睿艺在实地探访爱德米乐校区的过程中发现，线下教材中除了绘本，启蒙年龄段（2~4岁）的教材还有小话筒、小麦克风等。这样细致而全面的教材，让很多小学员回到家后主动拿着爱德米乐的话筒在家中模仿主

持人、歌手练习作业。

爱德米乐通过独特的OMO模式，打造了一个"机构+家庭"双场景下"教+学+习"的学习闭环，实现了仪式感体验和教学效果双赢。

对于此次对OMO模式的正式推进，王媛表示："突如其来的变化让更多家长接受了线上教育和服务。只是，少儿舞蹈终究更依赖于线下场景中的教学互动，所以在这之后还是会回归线下教学。对此，我们希望以线上、线下结合来不断优化爱德米乐的服务，为学生和家长带来更多好的体验。"

环境加速行业洗牌和整合，爱德米乐计划拓展200~300家加盟校

在王媛看来，2020年虽然加速了教培行业的洗牌和整合，但也为优质的教育品牌带来了更多的拓展机会。爱德米乐接下来计划拓展200~300家加盟校。

传统加盟模式下的困境是，加盟商除了出资以外，对运营、管理、师资培养并不了解和擅长，导致加盟商的"死亡率"高。若想保证机构加盟业务的持续发展，对加盟商的管理和服务至关重要。

爱德米乐与其他做加盟的机构相比，最大的区别是对待加盟商的方式。

"爱德米乐是将加盟商作为直营校对待的。"王媛表示，"我们会全面参与加盟商的运营管理。加盟商每日的经营状况，每周的计划执行状况，进而到每个月的运营，总部都会做监督和考核。同时，邀请加盟商参加直营校区的运营分析会,所有资源百分百开放给加盟商。"

在老师和校长的选择上,爱德米乐会为加盟商提供相应的人才,来帮助加盟商组建团队;针对人员管理和培训,从校长到一线培训老师,爱德米乐都会采取随岗制,即把加盟商校区的管理人员和师资放到直营校的对应岗位上,与直营校人员一起工作两个月,从方法论到具体实操,进行手把手的传授;而这种方式对于爱德米乐企业文化的渗透、执行和传递是高效而准确的。

借助 SaaS 系统,爱德米乐的所有经营环节全部数据化,所有的经营问题在倒推的时候是可以从数据上体现的。当加盟商的目标没有完成时,就可以通过数据模型倒推原因。

这也是爱德米乐在管理思路上和其他机构最大的区别。

除了加盟校的拓展,爱德米乐直营校未来的目标是成为高度精练及高标准的孵化器和"黄埔军校",用自己和创世纪十年积累的运营和管理经验为加盟商赋能。

为了实现扩张目标,爱德米乐正在做条线型调整,从经营、教学、法务、财务、管理等方面培训团队和进行人员储备。同时采用先进的管理工具大幅提高效率,改进统计工作和采集工作。

爱德米乐现在可提供包括舞蹈、戏剧表演、声乐、钢琴等在内的多种艺术教育课程。作为一颗冉冉升起的艺术教育行业新星,用六年时间实践出爱德米乐特色的管理和运营模式,未来从成都走向全国指日可待。

全部外教滞留海外，卓美如何熬过难关

庚子年的春节，张丹一家是在加拿大度过的，因为环境的关系他们没能在节前赶回国内，节后就更难了。

身在海外的张丹无法回国，散落在全球各地的外教亦是如此。2020年1月至8月，卓美儿童英文戏剧全员持续了长达八个月的在线办公。3月和6月，是创始人张丹最焦虑的时候，3月份焦虑外教能否回国，6月又开始焦虑复课后的压力。

但让她欣慰的是，业务没有因为环境的变化停滞，团队没有被打垮，外教也无一流失。而张丹不在公司的这八个月里，最大的感受就是团队成长了。"甚至感觉团队已经'不需要'我了，很多事他们自己就能上手。"调侃中，张丹对于团队蜕变的赞赏与欣慰溢于言表。

危机来临，当机立断

2020年1月20日，还在加拿大的张丹从朋友处得到消息，提醒她做好准备。那时张丹还在满心期待，春节结束就是卓美的冬令营了，每年寒假例行组织的 Drama Camp，将给孩子们带去一场场精彩的戏剧体验。而随着不利情况加剧，原计划全部泡汤。

恐慌之余，没有时间犹豫不决。春节前夕，张丹就召集管理层开会，提醒大家做好最坏的打算，同时商讨应对解决方案。

一番讨论下来，大家决定快速转战线上。也考虑过将线上用于消课，但单纯做课耗，团队担心情况若持续不明朗，外教团队无法如期回

到中国就意味着线下业务不能开展,一旦如此,公司现金流出现断档怎么办?毕竟卓美做的是英文戏剧教育,而主要教员都来自海外。所以此时此刻,卓美首先要解决的就是保证家长的信心,同时做更长远的打算,考虑新的收入与增长。

当然,挑战也在预料之中,做了十年线下业务的卓美并没有在线基因,线上交付的各个环节都可能遇到阻力。但,他们已经做好了应战准备。

张丹决定,先从2019年尝试开发的一套全新课程入手,区别于卓美常规课程用英文学习戏剧的逻辑,新课程是用戏剧的方式学习英文。张丹说:"去年开发这套新课程的初衷,也是基于戏剧本就是语言学习的一种很好的方式,并且在内部已有小范围的实践基础。"张丹认为,这套课程此时最有机会抓住在英语学习方面存在痛点的用户,用丰富有趣的戏剧学习方式,缓解不能线下复课期间学员在家学英语的疲惫和痛苦。意见统一后,卓美开始了近两周的超负荷筹备工作,最终于2月13日正式上线一对一及一对二戏剧英文直播课。在付费用户中,50%来自老学员,另外50%来自口碑传播。

除此之外,卓美利用这段时间将线下戏剧训练营产品加以梳理,过去有哪些经验留下?又有哪些需求未能满足?有没有可能部分线上化?此前,卓美一场戏剧节可以吸引到几十万人观看,但参与学员数仅在几百人。这点,张丹一直心存遗憾:"其实戏剧节可以做非常多的主题和方向,但线下因为排练时间有限等很多客观因素,使得一些元素无法容纳进来,这次干脆就从线上入手——多条线路在线上开展培训,再在线下进行集训和演出,这样就可以构成一个小的闭环和生态了。让更多孩子以更多的方式走向舞台,一直是卓美的办学初心。"

为将产品做到更好更完善，六七十个外教发挥了他们各自的专长，而为了进一步调动团队积极性、激励教研人员，公司将训练营的线上收入最大化用于奖励课程研发老师，当老师的能动性和积极性被调动起来后，出现了"创意无限，百花齐放"的状态。在这期间，卓美戏剧训练营在线上共开发了十几种各具特色的主题：莎士比亚、舞蹈、声乐训练等。很多以前想要开展的戏剧元素得以施展，课程接连推陈出新，也让家长对卓美更具信心。

逆流而上，补短板、固优势

除了围绕教学产品加以打磨，卓美也对原来的卓学院进行升级。

卓学院此前是卓美为家校一体开发的线上学习平台和工具。由于卓美的重心长期在线下，教师和用户习惯也都在线下，卓学院的推进不如预期，去年一年也仅做到了1.0版本。张丹说："平时的课后作业老师还是习惯发到微信群里，一是不好留存，二是无法对孩子的学习效果进行有效监督，这个观念好难扭转。"卓学院进展之慢，让有着十年互联网从业经历的张丹很是苦恼。张丹此前在新浪和创业的软件公司中有十年的PM经验（Product Marketing，即产品市场，以用户与市场为导向对产品进行整体把控），这份经历对于今天的张丹依然受益："我很享受做产品的过程，包括今天怎么做线上产品、怎么做训练营、怎么去升级信息化系统，我一直想把各个体系打造得更完善。"

公司在信息化方面的追求是张丹一直以来的期望："我希望卓美不仅是一家优秀的素质教育公司，同时也希望它是一家信息化非常前沿的公司。"在信息化上的投入与准备，也是卓美此次可以快速转型的关键因素之一。张丹说："团队这时如果没有资深的系统底层开发技术功底的人员，我们也很难做到。"同时，"儿童卓学院"依靠学习打卡、转介绍送课等功能自动形成了一个获客池。短短几个月，从活跃量稳定在3000~4000的1.0版本陆续迭代了四个版本，注册用户3月份就已达到3万人，从最初的学习打卡工具扩展为如今集低成本获客、高效率运维的平台，卓学院5.0版本也即将上线。

5月底，三、四线城市线下机构复课情况基本恢复如常，一腔热情做好复课准备的卓美，却被北京停课的消息浇了一盆冷水，要知道北京是卓美的主战场，13家校区有10家就在北京。此时张丹思索，若线下仍不能复课，除了在线业务，还可以从哪些角度获取收益？有什么是卓美此时有能力去承载的？AI双师课是不是一个方向？

此前，卓美并未真正对外开放加盟，有个别校区也是以合作形式在经营，而单纯收取加盟费面临的品牌风险张丹也想规避掉。在张丹看来，三、四线城市客户同样需要卓美优质的课程体验，但老师从业门槛极高，既要求有外教，又要有戏剧背景和创造力，这样的要求放在三、四线城市很难满足。现在，何不利用卓美十年的运营经验，用现有的外教资源将难以替代的内容标准化，以降低加盟商在低线城市的落地难度？内部打磨月余后，卓美在7月份正式推出了AI双师课程。

目前，AI双师课程包含四个板块：热身运动、肢体训练、发音练习和戏剧板块。每个板块选用的都是卓美体系内最优秀的外教老师，他们有的在卓美已有六七年教学经历，无论是教学水平还是课程表现力都具备高水准。AI双师课推出后，卓美收到很多咨询。7月份开始，卓美在上海、沈阳的合作校展开了小范围的试课，上海的老师试用后调侃说："完了，我们要失业了。"

未知路上，唯有坚守

2020年7月，教学主管发给张丹一段视频，这段视频是外教们自发拍摄制作的，他们敲打着各种乐器欢呼："卓美开学了！"这条短短的视频，张丹看得热泪盈眶，当天她把自己的微信签名改成了"爱、责任与使命"。

环境对于线下造成的影响是空前的，依靠线下业务收入的教育培训公司更是难挨。张丹时刻提醒自己和团队，线下企业在复课之前还处于冰冻期，复课之后运营成本快速攀升之下，企业的生存能力将面临最大的考验。2020年9月8日，终于得以回国的张丹组织召开公司2020年以来第一场面对面的核心高管会议，全员对于2020年以来的工作进行了汇总，首先带来的好消息便是——继8月公司进账800万元，9月第一周又迎来开门红，线下业务恢复近90%，总现金收入追回至去年同期的60%。

张丹感慨，和业绩相比，团队在此期间的凝聚力、战斗力是她收获的最大财富。张丹说："当公司有应变能力，企业才能不停地爬坡。"以前每次外出超过一个月都能体会到团队的崩溃情绪，这次时隔八个月归来，却深刻感觉到，他们扛住了。张丹调侃说："甚至有时候我都感觉这个团队'不需要'我了，其实整个团队今年面临的现金压力很大，所靠的就是这些中高层的成长，他们成长了，团队就稳住了，再大的困难都能抵御。"

正如张丹所说，世事难料，最重要的是让公司活着，活着才是她对所有孩子、家长、员工最大的负责。过去三年里，卓美一直紧抓内部运营，迟迟没有大规模扩张，而这之后该何去何从，张丹也有了答案。在她看来，戏剧教育要做到更广泛地普及，需要产品体系、培训、考级、演出等整个生态链的完整建设，而环境最大限度地推进了卓美的动作，接下来将携过去十年沉淀的经验前行，继续完善卓美AI课程与加盟体系。

童画森林逆势生长的经营之道

"2020年，线上业务的营收仍然保持了60%的增速，这对于线下基因更重的我们来说已经是比较满意的结果了。"童画森林创始人王心卉说道。

2020年年初，突如其来的变化打得各行各业措手不及，线下教育同样遭受重创，危机之下各家企业不得不节衣缩食、储备粮草。对于王心卉而言，一切都来不及消化就要快速决策，十几家校区、近200人的团队在收入骤减的情况下如何生存？如果这种情况持续三个月甚至更久，童画森林还能否坚持？

线下转线上 他们早有准备

2020年1月24日，正值除夕夜，多地宣布封城，童画森林所有核心员工紧急召开线上会议，提出了"停课不停学，在家学画画"的应急预案，决定在线下课程全面暂停的情况下大力发展线上，并第一时间通过电话、短信、微信群、微信公众号等渠道告知家长。

公告发出后，童画森林团队便开始紧锣密鼓地筹备线上课程：1月24~25日，教研团队、运营团队、教务管理人员在家加班完成了系统测试、课程研发、教师团队筛选工作；1月26~30日进行设备调试、课程整理、教师培训；2月10日，组织学员进行线上课程选班，将3岁以上学员的课程转至线上并一比一消课，最终转化率达80%。

之所以能在如此短的时间将线下业务转至线上并做到较高转化率，童画森林四年前的一个决定起到了关键性的作用。

2016年，在多数少儿美术教育机构还沉浸在线下场景，认为美术教育很难实现线上化时，王心卉和她的团队已经开始尝试线上业务。最初的探索是基于一些学员在步入小学、初中阶段后，由于课业压力很难分配出时间来线下上课，而线上课程有望能有效解决这一问题。因此，此时重启线上业务对于童画森林来说并不陌生。

虽然童画森林的部分教师已有在线教学经验，但此次大规模转战线上也给团队带来压力：课程内容若只是照搬线下，无法达到理想效果，且并非所有教师都适合线上教学，教学风格、互动方式等都需要再做调整。

为此，童画森林的教研团队加班加点开始了线上筹备工作。他们一边对线下课程的知识体系进行重新梳理，一边利用课余时间对教师进行在线课程培训，并组织教师进行"备课""说课"练习及审核，保证了线上课程内容的高质量和趣味性。

线上课程除了来自已有学员的转化之外，也有许多来自直播体验课、主题课转化的付费学员。此前，童画森林只在北京、上海、沈阳三个城市开设有校区，线下场景限制了其更大流量的获取，而在此期间，童画森林线上课程通过抖音直播、朋友圈宣传等方式不断拓宽受众面，实现了业绩增长。

团队养成中,他们并肩作战

环境对于人心是一种磨砺,在线办公非常考验团队成员的默契度和配合度。童画森林团队在四个多月的居家办公中,也摸索出了自己的工作节奏。

回忆起团队在这一年的表现,在童画森林任职六年的教培主管Winnie反复提到了一个"快"字:"危机来临,王总决策得非常快,快速制订应急预案、部署线上业务,快速召集教师进行线上业务培训,虽然时间紧、任务重,但团队成员一个都没有掉队,各个环节都跟进得非常快。"

这期间,高管们每天都要进行两次线上会议,晨会时总结前一日的工作进展,以及安排当日的工作内容,晚会则对当日工作进行总结和复盘。Winnie说,虽然线上会议沟通成本更高,但在一次次的磨合下,团队已然能对彼此提出的诉求快速回应、有效解决。

线上课程需要准备的细节很多,小到一个摄像头、话筒,都需要重新购置。为确保各校区教师能够在线上顺利开课,教务部门将教具、直播设备寄到各个教师家中,保证了前方"弹药充足"。而作为创始人的王心卉当仁不让扛起重任,从团队组织到产品研发、教师培训、招新拓客等都深度参与,给了团队成员很大的依靠。

从2014年创立最初的"小作坊",到现在拥有十几家校区,童画森林的核心员工很多都是伴随公司共成长、共患难的老员工,"而这一年是我们又一次携手迈过的坎儿。"王心卉感慨道。

复课进行时 他们厉兵秣马

2020年下半年，随着国内情况逐渐好转，线下复工、复课也终于提上日程。

做好各地防控安排后，童画森林上海和沈阳校区于6月份相继复课；北京校区则紧跟政策要求，于8月底将学员分批次恢复线下教学，其秋季招生工作也如期进行。通过作品展示、短视频运营、社区广告投放等方式继续扩大品牌影响力。而童画森林每年组织的景德镇游学等线下营活动，也在线下复课后迎来需求回暖。

线下复课之后，童画森林依然保留了线上业务，家长可以自行选择授课模式。为了进一步完善线上课程体系，童画森林还专门成立了一支20人左右的在线业务团队，负责线上产品研发、营销与转化。

王心卉认为，在线直播课堂靠的不是冷冰冰的设备和平台，屏幕背后需要鲜活的互动和交流，因此童画森林尊重每一个孩子的学习差异和学习个性，从"预告、引导、实践、复习、分享"等教学闭环的严格要求，到老师语言、装饰、灯光的搭配，再到课堂"高频互动、趣味引导、游戏互动"等氛围营造，都要经过严格的测试和训练。

虽然一场猝不及防的变化扰乱了原有的步调，但童画森林能够临危不惧、稳扎稳打，体现了其强大的内驱力以及自愈能力。数字化时代下，教育OMO是大势所趋。拥抱时代变化，积极应对每一次挑战是童画森林接下来的战略部署。

2020年年底，童画森林开始尝试开发自己的App，从情景体验的角度，打造AI教学课程，于2021年年初完成内测并已上线。上线后，这款App承载了童画森林所有的线上直播及录播课程。此外，童画森林的扩店计划也已提上日程，预计2021年增加两到四家线下校区，同时大力研发在线课程、探索下沉市场。

狮王教育黑客数学12年积淀，优秀教师续费金额高达百万元的秘密

1992年，邓小平的南方谈话在中国掀起新一轮改革开放热潮。同一年，国家经济体制改革委员会颁布了《股份有限公司规范意见》。大批在政府机构、科研院所的知识分子受南方谈话的影响，纷纷主动下海创业，出现了以陈东升、田源、郭凡生、冯仑等为代表的"92派企业家"。

受这股热潮的影响，1994年，张建春大学毕业后毅然放弃北京公务员的"铁饭碗"，投身民办教育领域。11月1日，他创办了狮王（国际）教育集团，从成人英语学习教材代理起家，是《BBC英语全球通》《Follow Me 跟我学》《走遍美国》等教材的中国首批代理者。

经过几年的发展，张建春所带领的团队发展势头相当迅猛。凭借强大的市场开拓能力，1997年，狮王教育开始独家代理全国儿童英语学习教材《You&Me阶梯快乐英语》，并就此进入少儿英语教育领域。

1998年7月，狮王教育中国第一家儿童英语培训学校——广州市天河区快乐儿童英语培训学校——成立，正式从代理销售英语教材跨越到校区运营、教书育人的阶段。

彼时全国市场上鲜有儿童英语培训机构，因为家长的认知还处于"小孩子学不会英语，英语是升入初中后才会学习"的阶段，还没有儿童英语培训的土壤。但专业的心理学和脑神经科学研究表明，2~3岁是儿童语言发展的关键期，用正确的教学方式进行语言学习可以达到事半功倍的效果。而且，语言学习的过程就是思维培养的过程，多一种语言，就能多一种看世界的角度。

为此，狮王教育通过宣讲会、家长课堂的方式传播正确的育儿观念，以期逐渐改变家长认知。

从1994年到2004年，狮王教育专注发展少儿英语培训业务，凭借着品牌化经营的模式，成功在全国校外培训市场立足，并且积累了直营校管理、运营管理、师资培训等方面的经验。

但是，英语单科教育并不能满足张建春的教育"野心"，他认为，培养孩子的想象力、创造力、领悟力、意志力、受挫承受力，综合成为"竞争力"，这才是未来教育发展的主流。

基于这种认知，狮王教育开启在全球寻找优质教育资源的步伐。

本文以狮王教育2020年的战略发展项目黑客数学为例，详细记录了从项目引进到2020年特殊年份业务发展的全过程。从中可以感受到，作为一家从创立之日起就自带"敢为人先"标签的教育企业，如何平衡商业与教育的关系？又如何在行业激烈竞争中占据一席之地，奔向领先？

在市场未热时悄然布局

2008年时,狮王教育在儿童教育领域成功打造了狮王国际儿童美语这一拳头产品。但是,从培养未来社会发展需要的复合型、高素质人才的目标入手,狮王教育还需要增加其他学科,所以要在全球范围内寻找优质的教育项目。

其中,儿童思维培训是狮王教育重点考察的赛道。因为数学作为学科之母,有助于儿童构建底层思维逻辑,是计算机、物理等多个学科的基础。而且,美国医学研究表明,3~12岁是儿童思维训练的黄金期。

数学学习的难点是内容比较抽象、枯燥,想让人产生学习兴趣并不容易。

这时,一款内容体系完善、教学方式有趣的项目——黑客数学——被狮王教育在2008年从台湾地区引入大陆。黑客数学将理解力、观察力、转化力、变通力、运算力五种能力的培养,与九年义务教育的数学知识点融合,通过游戏化的教学,比如设置让儿童在生活中发现、体验数学的游戏,用学习到的数学知识解决生活难题等方法,将原本枯燥、抽象的数学知识具象化、趣味化,从而激发学生学习数学的兴趣,融合素质教育和学科能力,轻松应对学校数学考试。

从2008年一路走来,黑客数学校区至今遍布全国的17个省区市,拥有近2万名线下在读学员和数万名在线学员。

在互联网大潮的趋势下,黑客数学在2019年启动在线课程研发工作。按原计划,2020年黑客数学线上课程正式对外发布。

但是，突如其来的变化将在线课程上线时间提前。因为线上是当时唯一能接触和服务家长的渠道。

2020年1月23日武汉封城后，狮王教育董事长张建春在1月26日晚召集所有高管线上开会，讨论如何应对环境变化。在会上，张建春提出两点要求：

首先，保持安定，服务好家长。受到狮王教育内部正念教育的观念引导，狮王教育要求所有员工作为教育者，不要传播焦虑，更不要炒作。整个2020年期间，狮王教育所有高管、讲师定期为家长开展线上课堂，缓解大家的焦虑情绪，传递信心。

其次，考虑到2月线下复工、复课几乎不可能，但是不能因此停课、停学，黑客数学必须加快研发线上产品。

当明确了前进的方向后，黑客数学教研团队全员全力以赴，加速研发线上课程。

2月15日，黑客数学在线1:6直播课正式上线。之后，黑客数学团队还用企业微信为学员提供了一个月免费课程。这段时间，学管师鼓励家长和孩子尝试线上课程，老师对线上教学越来越熟练。

3月，考虑到公司生存问题，黑客数学在线课从免费改为付费，在读学员既可以用线下课兑换，也可以重新购买。上课的平台更换为花费近千万元采购的ClassIn平台。

迅速的反应、良好的在线课程体验、多年积淀的家长口碑和信任，让狮王教育在此期间的续费大放异彩，已有学员续费金额是往年同期的三倍，其中部分优秀教师的续费金额达到百万元。

这样的结果让人惊喜又感动。

赋能合作伙伴的独家武器："教育者的教育"

对于狮王教育来说，儿童数理思维现在是风口，但是其已经深耕12年。这12年时间，狮王教育在儿童数理思维内容教研和线下校区运营中积累了丰富的经验。并且，狮王教育始终坚守教育品质：黑客数学线下扩张原则是一家校区招满后，才开新校区。

2020年，狮王教育准备好了加速扩张的步伐，并开放了品牌授权业务。

但是，市场上开放B端授权业务的机构众多，数理思维又是当下的热门赛道，黑客数学的核心优势有哪些？

B端加盟业务想要持续发展、获得成功的前提是，加盟商发展好。黑客数学对合作伙伴的赋能包括了校区运营管理、课程内容、师资培训、品牌曝光等，但独家的秘密武器是"教育者的教育"。

教育者的教育包括两个部分，第一个部分是正念父母课堂，第二个部分是教师培训和培养。

之所以重视"教育者的教育"，原因在于，在家庭教育中，父母言行举止、家庭环境对子女的性格、情绪、习惯的养成会造成巨大影响。狮王教育旗下正念父母课堂告诉家长什么是好的教育方式，良好的亲子关系、家庭氛围如何打造，等等。提升家长自我觉察的能力，通过时刻的觉察练习，做情绪的主人，学会如何与自己、与孩子、与家庭更好地相处，更有助于维护家长和校区之间的关系；校区的教师培训则是保障教学水平和教学效果的基石。这两者如同教培机构运营的两个车轮，一边保证教学水平和课程效果，打造客户之间的良好口碑；一边服务家长，打造良好的家庭氛围和家校关系，提高家长对学校的认同感。

根据狮王教育的经验，重视和实施"教育者的教育"，可以有效延长客户生命周期，极大降低机构的市场成本和获客成本。根据狮王教育的经验，有40%的学员留存6年以上。

对于合作伙伴的筛选，黑客数学的标准颇高，具体要求包括，有一定资金、资源，同时认同狮王教育理念，更有一颗做教育的心。

"如果让一个只懂商业的公司去做教育，缺乏核心竞争力，单纯地只是去进行商业操作，必定会失败。"狮王教育创始人、董事长张建春认为，"不管怎样进行商业化的运营，所有的教育企业都不应该忘记教育的本质。如果没有好的课程和高质量的师资作为核心，所有外表华丽的商业并购，以及发展、加盟，都是胡说八道。因为有一些东西是不可复制的，比如好的教师。只有通过常年的培养，才能沉淀出一批又一批的优秀教师和好的课程。没有这两项条件，商业很难把它做起来。"

"建立更强的研发中心，更强的运营服务中心，系统服务和支持合作伙伴"是狮王教育未来长久要做的事情。毕竟加盟商成功，黑客数学才可以在全国遍地开花。

期待已经把握市场先机、提前布局的狮王教育黑客数学，在未来走出别样精彩的发展之路。

营地教育"祸兮福兮"的一年

2020年上半年,整个文旅业态都几近停顿,旅游市场危机重重、损失惨重。航空公司、租车公司、酒店和度假村、线上预订服务、邮轮和目的地营销机构,以及差旅服务公司等,2020年第二季度的业务几乎全线暂停,直至下半年也基本没有好转。很多无力解决资金周转问题的企业被淘汰出局。

值得庆幸的是,营地教育行业虽然在此时期也有冲击性的损失,但相对于传统文旅行业而言,遭受的损失并不致命。有人断言,教育型营地这种投资小、建设周期短、投资回报快、运营成本低的业态优势经此风波后将更加明显。教育型营地此次"过冬"问题不大,随着研学政策的进一步落地,一定会使恢复后的文旅市场迎来一个爆发性的增长。

这一年,营地教育行业的生存现状如何?发生了哪些变化?未来会有哪些走向?

2020年,活着

2020年,营地教育的主旋律是"活着",每家机构都在用不同的方式努力活下去。

"突发情况,因为北京教委刚刚规定学科类培训机构不允许做夏令营,绿骑士营地遭遇大量退订,现暑期空余大量营地住宿和活动档期,欢迎各机构和家长来绿骑士营地去野营。"2020年7月24日,绿骑士(北京)教育咨询有限公司(以下简称绿骑士)CEO王磊发了这样一条朋友圈。

王磊所说的"情况"源于2020年7月19日，北京市委教育工作委员会、市教委通知要求，中小学校、中等职业学校以及少年宫、科技馆等校外单位不得利用校舍组织和接待各类夏令营、研学旅行、暑期社会实践等学生聚集性活动。高等学校不组织、不接待各类夏令营等聚集性活动，校外无关人员一律不得进入校园，严防聚集性、输入性风险，确保校园安全。各区教育部门不组织、不接待面向学生群体的暑期境内外夏令营、社会实践等聚集性活动。

"2020年对整个营地教育行业来说，受到了严重影响，目前行业里已经有很多企业倒闭了。C端机构的很多业务开展不了，B端机构可能要停业一年或者更长的时间——学校恢复正常教学后，出游对学生来说基本不太现实。"王磊表示。

原本机构方希望在暑期能够通过夏令营实现一部分营收，但新冠肺炎疫情的变化又让夏令营经营前景变得复杂。王磊表示："这样的通知，对于我们来说，影响还是很大的。因为今年参加夏令营的营员本身就很少，有很多家长不愿意让孩子出来。市场上面向C端的部分机构报名人数可能只有往年的十分之一。我们之前调整的方向是依靠一些培训机构，他们组织孩子来进行教学，但现在这个方向也断掉了。原定的计划现在又要重新调整。"

在这种情况下，王磊采取了以下措施——"相对来说，偏旅游或者偏游玩的内容会增加"。在原来面向B端的方式不能推进下去的情况下，王磊把产品调整成做自营的方式，去做一些面向散客、面向C端的市场；也会针对家庭用户推出一些活动，比如三天两晚的亲子活动，让家长带着孩子参加一些低频的、价格偏低的、出行时间比较短的活动。

这相当于把原来五六天的营会产品打散了，变成两三天的迷你营会，或者是迷你的亲子活动或音乐节活动。王磊认为："对我们来说，产品本质没有太大的区别，更多的是形态的改变，所以难度并不是特别大。"最关键的是看市场怎么反馈，能不能把收入的缺口给补上去。王磊表示："但还是会很难，受环境的影响，用户的收入都降低了，出行欲望也会降低。今年能达到往年收入的30%就已经很成功了。"

回顾2020年，王磊提到，绿骑士在第一时间缩减了大约25%左右的员工人数。也做了线上的尝试，把从前的线下培训放到了线上来做，同时对课程内容做了一些调整和升级。王磊表示："在这一块业务上，预计今年会有二三十万元的收入。"

同时，线上销售土特产成为很多机构进行自救的措施。"我们在陕西、山东、北京都有营地，在上半年，我们就做了线上电商的产品销售，把营地里的土特产和营地所在地区的土特产，通过互联网推荐给我们的家长以及渠道合作伙伴。这个收入有点超出我的预期，预计今年能做200万左右的销售额。"王磊表示，"另外，我们最希望的就是培训机构能够带着自己的内容过来，然后和我们的营地内容做一个结合。其实有很多家长已经意识到提高孩子的素质和综合能力，要比单纯提高学科成绩更重要。"

王磊举了个案例。绿骑士和一些幼儿园有一些合作，绿骑士的自然课放到这类学校的教学计划中，幼儿园每周有一节课用绿骑士的课程和内容，带着孩子到绿骑士的营地里上课。这期间，把课堂放在了线上。

宝贝走天下在线上的尝试更迅速也更大胆一些，收效显著。

"2020年3月，宝贝走天下的全部营收将近70万元，都来自线上。去年同期我们线下的营收做到了110万元左右。虽然总体营收有不小的差距，但其实我们的毛利在今年3月同比去年同期还要高。因为我们全部是自己的导师，只需要买一些教材，还有一些证书物料，就没有其他成本了。对线下营收而言，一般来说是9%~50%毛利，就按最高的来算，110万元也只有55万元的毛利。不过，这对公司是一个很大的激励。"

江西乐体营地教育科技有限公司（以下简称乐体营地）在线上也有突破性进步。"之前我们没有太多线上的这种运作经验，索性借此次机会，对线上进行了一个改进。现在我们在线上的协同效率比之前高了很多，而线上协同组织能力的提高也给我们未来的多营地运作注入了一定的底气。"乐体营地创始人李翔表示。

内部进行线上变革，外部寻求优质营地进行合作。宣称"得营地者得天下"的乐体营地在上半年一直在对接新的营地资源，李翔说："这是我们比较重要的一个动作。"

"在这期间，我们发现一个有意思的点，就是很多景区，或者是一些农业庄园，他们被环境和市场打击得非常严重。所以我们去找他们谈合作的时候，对方的合作意向都比较强。这使我们得以和这些机构对接一些好的营地资源。我们和杭州长乐营地、南昌的一些农业园的合作项目，都进展得很顺利。"李翔说。

"大佬"入场，教育型营地迎来机遇

2020年9月27日，博实乐教育集团（以下简称博实乐）宣布与营地教育机构乐体营地达成战略合作。博实乐拟收购乐体营地60%的股权。

博实乐官方表示："本次收购将进一步完善集团在营地教育业务板块

的布局，提升博实乐在大型游研学营地的专业运营和服务能力，同时将极大地增强乐体营地与博实乐内部原有营地教育业务板块的协同效应"。

2020年10月12日，京汉实业投资集团股份有限公司发公告称，公司控股子公司太原西山奥申置业有限公司与太原西山生态文化旅游示范区管委会签署《京汉体育康养项目合作框架协议》。京汉体育康养项目建设用地约800亩，其中就包含营地教育、体育运动等项目。

以上两个案例再次给外界明确了一个信号——一线地产商、头部文旅企业等开始入场营地教育行业。

营地教育作为学校、家庭、教育的延伸和补充，目前已经越来越多地得到社会的关注和认可。国家《体育发展"十三五"规划》中明确提出，要实施青少年体育活动促进计划，进一步加强青少年户外体育活动营地建设。同时，将营地逐步建设成为体育综合体，为各类人群提供运动、文化、游玩、购物、住宿等综合服务。通过营地广泛开展符合青少年身心特点的户外活动和技能培训，更好地满足青少年学习掌握体育技能的需求，促进青少年身体素质提升。

对此，开营COO李鹏表示："真正的'大佬'开始进场布局营地了。从博实乐到华侨城，再到万科，都在布局营地、大型研学基地等项目，无一不证明这一点。这会带给这个行业更多资源、人才和关注，当然也会造成一些冲击。"

"2020年，从春节到5月，开营大概接到80多个项目，都是做营地的，投资规模都在千万元以上。我们上半年的业绩翻了一番。2020年使近年来近似疯狂的文旅投资，在'潮水退去'后显现出它的本来面目，势必开启新一轮资产和项目的兼并重组及优化，使中国文旅产业的发展更加理性,从而实现供给侧的结构性优化,大型投资项目会相对减少。而教育型营地这种投资低、客户精准、回报快的项目,在资产盘活、运营重组、新增项目上会迎来爆发式的增长。"李鹏表示。他之所以这样认为,主要原因有以下几点。

首先是前期投资小。营地教育是青少年及其家庭的线下体验场景,由国外的童子军等营地发展而来,更偏向于自然环境下的活动。所以相对于传统景区、度假酒店、民宿集群等,营地教育投资非常小。

青少年的营地教育配套的是多人间(6~10人),并不需要奢侈的装饰装修,干净整洁就足够开展活动,而且一些木屋集装箱房等临时性设施更能突出营地的亮点,使投资进一步缩小。

其次是运营成本低。教育型营地针对的是B端客户,客户来源为学校、培训机构等,算是前期预收费的定制活动,因为是团队客户,营地可根据每次活动的类型属性去匹配人力、物力,使营地不用常态化地高成本运作。而酒店、民宿、农家乐、度假村都要保证基础运营的常态化成本。

再次是无须市场营销费用,客户精准度高。教育型营地的客户来源非常精准——学校、K12培训机构、线上线下社区。这使得营地不需要进行大面积的推广宣传,只需要针对B端客户的需求研发产品,以渠道的方式去建立合作关系。

另外,营地类产品是旅游中的刚需产品。传统的旅游中除了差旅之外,其他的旅游形态都是非刚需、低频的,而营地教育的客户黏性和需求非常强。研学旅行已写入教育部指导纲要,各个地市也相应出台了指导研学旅行发展的政策,要求每个青少年每学年要进行五天的研学旅行,这就是一个巨大的刚需市场。

而随着城市化进程,现在城市中的孩子在冬令营、夏令营期间无人看管和陪护,家长更愿意送孩子去这种既能学到知识,又能提高素质,孩子还玩得开心的营地去。

当然还有客户黏性强。营地教育售卖的是课程体系,而并不是旅游度假式的硬件体验,教育型营地运营方可在营地中设置不同的课程,使客户可以多次复购。正因如此,一旦建立起客户信任,客户的黏性也非常高。

运营无淡季。传统文旅业态中的淡旺季最让运营者头疼,但营地教育中研学旅行、冬令营、夏令营、周末活动等主营产品,使教育型营地全年常态化运营周期可达300天以上。

其中,研学旅行周一到周五,覆盖20~24周,冬令营、夏令营周一到周五,覆盖10~12周。周末亲子活动全年可做40~45周。解决了淡季的问题,同时也保证了营地的稳定收入来源。

引流能力强。传统文旅业态基本上都要依托于风景区或目的地,不具备单独引流能力。在教育型营地出现之前,只有像迪士尼、长隆、环球影城等主题公园能做到跨省市的引流。教育型营地像缩小版的主题公园,主题公园的核心是IP故事,教育型营地的核心是课程体系,都是根据内容去打造的场景。

但是因为主题公园更多地依靠硬件场景,所以投资巨大;而教育型营地是根据自然环境打造的软件课程场景,所以可以用主题公园1/300的投资,带来更丰富的内容。因为教育型营地售卖的是课程体系,所以家长和客户的关注点并不在目的地本身上，也就形成了教育型营地强引流的能力。

最后，利润空间大。旅游场景下的产品溢价能力很差，但同样的硬件成本，加上课程体系的导入，溢价就不同了。根据《2017年中国营地教育行业发展报告》的统计，全国营地夏令营（六天五晚）的平均客单价5000多元，基本上目前营地夏令营的售价与当地的月平均工资持平。

所以同样的住宿面积，一个标间的度假酒店两张床位带来的在地一周消费最多几千元，而把这个标间做成8人间，带来的一周在地消费就达到了4万元，而且标间的投资比八人间还要大很多。

未来：调整心态，稳中求进

针对2020年营地教育行业的现状和变化，李鹏给出了两个关键词"暂停"和"活着"。他提出了几点面对未来的建议。

首先，要生存下来，调整好心态，稳步前进。

其次，教育型营地要尽量和重资产相结合，原因不言而喻。旅游的转型催生了内容的需求，随着旅游业态从观光旅游到休闲旅游，再到体验旅游的转变，越来越多的家庭出游成为常态，而家庭出游中孩子的需求又决定了家庭的选择，能够提供亲子活动的场景就变得重要起来，如果能使父母和孩子的体验分级就能抓住更多家庭的需求，这就使像CLUBMED地中海俱乐部这样的度假业态一房难求。而教育型营地和这种内容相结合之后，会在这个场景下提供更多的内容和丰富的体验（如能提供孩子在成长过程中需要的自然科学知识等），使其成为更多家庭出游的必选内容。

地产的转型供给了足够的空间，城市化的发展已经过半，房地产在之前拿到了中国发展中最大的一块红利。但随着城市化进程由增量市场向存量市场转变，房地产业迎来了一波下沉市场的开发。开发的类型也由之前的城中住宅向城郊大盘和文旅大盘转变。购房客户也从刚需性用房向度假投资性用房改变，这就使房地产项目必须要重视配套和内容。营地教育因其对应的是家庭消费和亲子人群，具备强引流能力，使它可以与城郊文旅地产无缝衔接。

营地教育业态从项目拿地、整盘包装、资产盘活到销售支持全链条都能起到作用。所以这几年万科、碧桂园、富力、建业等地产都把营地教育作为了核心配套。

再次，一定要做研学。教育的转型带来了更具活力的市场，国家已经将教育改革拉开序幕，从应试教育向素质教育转型。于是，研学旅行政策和研学实践计入学分的改革，推动了营地教育事业的全面发展。

政策中强调了学校进行研学旅行，不能打乱学校的教学计划，所以学校都是安排以年级的形式出行，一次几百人上千人的规模，使大体量研学实践营地极度短缺，在3~5年内都会是需求远远大于供给的市场。

对此，王磊也给出了几点建议。

首先要想尽各种办法让公司能够存活下去。B端的机构可以做一些营地规划，与房地产商合作进行一些规划运营，或者做一些延伸的农产品销售等，可能会给公司带来一些收入。

其次，针对当下情况，设计一些孩子可以在家里进行的课程产品，比如可以做一些与自然教育、劳动职务等相关的内容，可以让家长花几十块钱买到家里，带着孩子一起接受这样的教育。也可以做一些进社区的活动，派老师到社区里给孩子做一些体能训练，带着孩子做一些互动活动。

另外，在这个阶段，要更多地把基础打好，去做教学研究、课程研发等，研究讨论如何跟学校的相关教育更好地结合。

最后，同行业的人团结起来，抱团取暖，共渡难关，这样可以资源互惠，降低成本。"未来行业会逐渐趋于成熟，形成产业链，形成产业分工。这样，这个产业才能更好地发展。大家抱团取暖，共同度过这个漫长的冬天。"王磊说。

2020年
素质教育行业
大事记

1 月 / January

01 今日，浙江省开始正式实施2019年12月30日发布的《浙江省人民政府办公厅关于加快推进3岁以下婴幼儿照护服务发展的实施意见》。实施意见提出，到2025年，城乡社区婴幼儿照护服务机构覆盖率、幼儿园托班设置率、婴幼儿入托率明显提高，机构从业人员持证率达到90%以上。

汉翔书法在山水美术馆举办了"十年——汉翔书法十周年优秀作品展"。本届汉翔作品展以"自由展""主题展"形式呈现，累计有来自北京、上海、深圳、沈阳、杭州共3000名学员参与，1800名学员作品入选，1万平方米的全馆空间共计展出了近2000幅优秀书画作品，现场累计观展人次逾千人。

03 DFRobot（智位机器人）已完成由国科嘉和领投，本初资本担任独家财务顾问的数千万元B轮融资。本轮融资将主要用于创客教育，期望未来几年为3万所学校提供服务。

04 瑞思宣布任命董事会主席王励弘女士为新任CEO，原CEO孙一丁先生退任后将留任董事会副董事长。王励弘女士自2013年9月以来一直担任瑞思董事长，并于2017年

10月被任命为董事会主席。在被任命为CEO之前，王励弘女士于2019年12月已从贝恩资本辞任董事总经理职务。王励弘女士拥有哥伦比亚大学商学院的MBA学位和复旦大学的理学学士学位，在贝恩资本任职的13年中，她曾负责贝恩资本在亚洲特别是中国的多项投资，包括瑞思。此外她还负责贝恩资本在中国的投资项目的投后管理工作。

05 国家教材委员会印发《全国大中小学教材建设规划（2019—2022年）》（以下简称《规划》），教育部印发《中小学教材管理办法》《职业院校教材管理办法》《普通高等学校教材管理办法》《学校选用境外教材管理办法》（以下简称"四个教材管理办法"）。其中，《学校选用境外教材管理办法》规定，高等学校、中等职业学校、普通高中中外合作办学机构或项目、经省级教育行政部门批准开设的普通高中境外课程项目，境内教材确实无法满足教学需要，可选用境外教材，鼓励选用我国出版社翻译出版、影印出版的国外优秀教材。但义务教育学校明确规定不得选用境外教材，普通高中除中外合作办学机构或项目、经省级教育行政部门批准开设的普通高中境外课程项目外不得选用境外教材。

06 一年一度的"马云乡村教师奖"颁奖典礼于1月6—7日在海南三亚举行,重回课堂的他谈到了教育的本质,希望乡村孩子具备"四商",即情商、智商、爱商和逆商,而在这个商里面他又特别强调孩子需要有逆商,因为这是真正决定了一个人人生高度的本质。

妙小程宣布已被三七互娱(002555.SZ)收购,双方达成战略合作关系。对此,妙小程官方称:"本次收购完成后,妙小程将与三七互娱实现在技术、资源等方面最大化的协同与利用,对原有课程、产品及教学服务进行再次升级的同时,希望基于三七互娱在运营以及流量等方面提供的支持,实现精细化运营管理。"

08 教育部今日公布,截至2019年12月31日,全国共有718家校外线上培训机构在全国校外线上培训管理服务平台上提交了备案材料。目前已对718家校外线上培训机构、115622名培训人员、3463门课程完成了备案排查,并对存在问题的培训机构提出了整改要求,存在问题机构将于今年6月底前完成整改。

四川省人民政府办公厅发布关于促进3岁以下婴幼儿照护服务发展的实施意见,将加强对家庭婴幼儿照护的支持和指导、推动社区婴幼儿照护服务发展、规范发展多种形式的婴幼儿照护服务机构列为主要任务。提出加强政策支撑、人才培养、制度建设、信息化建设四项保障措施,以及加强组织领导、监督管理、宣传引导三项目组织实施。实施意见自公布之日（1月8日）起施行，有效期五年。

武汉市人民政府办公厅正式发布《关于加强3岁以下婴幼儿照护服务工作的通知》，文件重点如下：全面落实产假政策，鼓励用人单位将女职工产假延长至6个月以上；举办营利性婴儿照护服务机构的，注册经营范围为"3岁以下婴幼儿托育服务"，并注明全日托、半日托、计日托或者临时托等；优先支持普惠性婴幼儿照护服务机构发展。设定普惠性婴幼儿照护服务机构收费政府指导价，按托位或者托收婴幼儿数量等给予资金补贴、免费提供场地、减免场地租金、分担人工成本、政府购买服务等支持；婴幼儿照护服务机构不得超出"3岁以下婴幼儿托育服务"范围经营；实行预收服务费的，预收费一般不超过3个月。2020年完成公办幼儿园在园幼儿数占比50%目标的区，招收2至3岁幼儿的园所数占比应达到50%以上；其他区应达到30%以上。

09

SOHO中国董事长潘石屹为其家乡甘肃省天水市捐建的"养正幼儿园"已竣工，并举办了竣工典礼。在竣工典礼上，SOHO中国和编程猫联合宣布SOHO中国董事长潘石屹正式成为"编程猫乡村编程普及计划发起人和推广大使"。同时，编程猫也将为"养正幼儿园"以及甘肃天水潘集寨学校捐赠少儿编程课程，并为其进行教学服务。

好未来旗下学而思网校将与作家马伯庸携手，开授写作课程。与文学大师的合作并不是学而思网校的第一次，在去年年底曾公布与著名文化学者余秋雨联手打造《讲给青少年的中国文化》视频课程。马伯庸的加入，意味着学而思网校"文学大师"序列开启了从中生代到新生代的多层次布局。

STEAM教育机构"埃尔曼"近期已完成千万级天使轮融资。据埃尔曼官方表示，本轮资金将主要用于内容升级、课程研发、团队组建及市场拓展等方面。

10

英孚教育中国业务的竞标已进入第二轮，私募股权公司高瓴资本（Hillhouse Capital）和华宝平卡斯投资（Warburg Pincus LLC）已被邀请参与进行第二轮竞标。此前，在2019年10月，彭博社即报道英孚教育（EF Education First Inc.）拟以20亿美元出售中国业务。另有知情人士表示，第一轮的意向竞标者彼尔米拉（Permira Holdings LLP）被要求在本月晚些时候提交第二轮竞标的申请。第二轮竞标的入围名单上有约六家竞购者，出售价格仍预计在15亿至20亿美元之间。

教育部部长陈宝生10日表示，2020年要对准这些短板弱项精准发力，推动教体相融合、划出美育硬杠杠、构建劳动教育责任链条，让"软任务"变为"硬指标"。在2020年全国教育工作会议上，陈宝生说，教育部门要主动与体育部门建立常态化协商沟通机制，共同推进青少年体育工作。要深化学校体育中考等评价改革，引导提升学生体质健康水平。

1月 / January

12 国务院教育督导委员会办公室发布《国务院教育督导委员会办公室关于几起校外培训机构违规开展培训查处情况的通报》，重点通报了五家面向中小学生开展"量子波动速读""全脑培训"等培训的，无证无照校外培训机构的查处情况。

13 近期，石家庄市教育局向社会公布了"石家庄市第二批校外培训机构黑白名单"，供社会各界共同监督。为规范校外培训机构办学行为，切实减轻中小学生课外负担和家庭经济负担，营造良好的教育生态，促进学生全面健康成长，根据教育部、河北省教育厅、市教育局有关文件要求，石家庄市建立了黑白名单制度。本次公布的校外培训机构白名单上共有855家，黑名单上共有226家。

青少年篮球培训品牌五星体育运动和高尔夫培训品牌太平松高尔夫宣布完成合并，新公司更名为太平松体育集团。两家公司合并的原因，是为了建设一个更具规模化的大型企业，进而建立全国性的多体育项目的青少年学院。同时，太平松体育集团完成由太平松资本牵头的800万美元融资，其中包括600万美元的A轮有限投资和200万美元的现有普通股购买。本轮资金首先将用于场地的长期租赁，找到更优质的篮球、高尔夫的室内场地，其次还会用于建设新的运动品牌，以及技术开发、基础设施建设、日常运营。

15 瑞思宣布，将与环球影业达成授权合作，引进《功夫熊猫》系列 IP 形象和故事内容。在授权合作后，瑞思将推出《熊猫大师课》，根据国内 3~8 岁儿童学习兴趣与成长规律，研发"英语绘本、短期课程、辅助内容"等英语学习产品，部分内容将引入《功夫熊猫》系列。

儿童教育戏剧品牌「为尚·沃特」少儿戏剧近期已完成数百万天使轮融资，投资方为未名资本。据悉，本轮融资资金将主要用于师资体系强化，品牌形象升级以及新店开设等方面的投入。

16 新东方教育科技集团召开 2019 年教育培训行业发展趋势研究发布会，并发布《2019 年中国教育培训行业的创新复盘与浪潮展望》报告（包括中文版、英文版）。该报告由新东方企业发展与战略规划部联合东方坐标学院共同编写，从 K12、早幼教、素质教育、教育信息化、职业教育五大细分赛道进行了系统的分析。其中，新东方在素质教育方面其实已经做了好几年试验，我们有一个判断，就是短期内它不太可能超过 K12 市场份额，但在强调人的全面成长政策支持下，可以预测素质教育定会有一个巨大的市场。
《人民日报》社联合人民文旅智库、中华儿童文化艺术促进会发布《中国研学旅行发展白皮书 2019》，报告发布了我国研学旅行问题及对策、未来发展趋势等。

1月 / January

19

在线少儿美术教育品牌画啦啦创始人李伟,近期在内部高管工作会上披露了公司 2019 年的运营和财务数据:付费学员规模超过 40 万人,月 GMV 突破 6000 万元,年营收增长 4 倍。画啦啦还在 2019 年完成了两轮融资:年初完成数千万美元 B 轮融资,经纬中国、启明创投领投,老股东真格教育基金跟投;11 月披露 B+ 轮融资,由乐高家族办公室 Kirkbi 旗下乐高创新投资基金领投,经纬中国、启明创投跟投。

新东方小学推出了中文分级名著趣讲课程。该课程主要针对 6~12 岁儿童,以 100 本经典名著为蓝本,覆盖小学一至六年级课标要求的所有必读书目和延展阅读内容,通过 5~10 分钟的"趣讲"引导孩子走进一部经典作品,化繁为简,以点带面,在兴趣牵引中培养孩子的独立思考能力和自主阅读习惯。

20

立思辰 1 月 20 日发布未经审计的 2019 年年度业绩预告,预计归属于上市公司股东的净利润在 3300 万至 3800 万元之间,去年同期亏损 13.93 亿元,实现扭亏为盈。公告称,业绩变动原因为教育业务持续发力,2019 年全年收入约 21.60 亿元,同比增长 10.65%。其中面向学生端的业务收入 6.85 亿,较上年同期增长近 100%。此外,2019 年度由于融资规模增加,全年财务费用约 1.15 亿元,对净利润造成较大影响。

21 京东教育发布了《京东教育白皮书》，总结教育行业现状及趋势，解读教育业务销售特点及用户数据。在2019年，京东教育全年增速达111%，"双11"当天成交金额实现198%的同比增长。截至目前，平台入驻商家数量相比2017年翻了一番，入驻精选机构近千家。据白皮书平台消费数据显示，全部赛道增速达100%以上，其中，青少年素质教育增速最为显著，超200%。

好未来公布其截至2019年11月30日的2020财年第三季度未经审计财务报告：净收入从上年同期的5.860亿美元增长到本季的8.624亿美元，增幅为47.2%；经营利润从上年同期的7100万美元增长到本季的7800万美元，增幅为9.9%；非美国会计准则经营利润（不考虑股权激励费用）从上年同期的9290万美元增长到本季的1.082亿美元，增幅为16.4%；归属于好未来的净利润为2820万美元，上年同期归属于好未来的净利润为1.238亿美元。与此同时，好未来宣布董事会人员变更，即白云峰先生将担任公司董事会主席，刘亚超先生辞任公司董事，张邦鑫继续担任董事，均自2020年1月21日起生效。张邦鑫、白云峰先生和刘亚超先生将继续担任公司的首席执行官，总裁和首席运营官。

23 哈尔滨市教育局宣布，从2020年1月23日起，全市各级各类幼儿园全部停止保教活动，全市中小学一律停止假期到校活动和辅导答疑。全市民办文化教育培训学校全部停止培训补习。全市区、县（市）少年宫停止组织各种活动。

1月 / January

恢复时间，另行通知。

27 教育部发布《关于2020年春季学期延期开学的通知》表示，经研究决定，2020年春季学期延期开学。部属各高等学校适当推迟2020年春季学期开学时间；地方所属院校、中小学校、幼儿园等学校春季学期开学时间，由当地教育行政部门按照地方党委和政府统一部署确定。

29 美吉姆推出的"美吉姆在线"付费项目，自1月29日正式上线启动，面向其全国40万会员免费开放使用。上线24小时，注册用户数就突破了10万人，截至2020年总注册用户已经超过30万人，每日在线超过5万人。

2月 / February

01 好未来旗下学而思网校从2月1日起,开始推出周一到周五与校内时间同步的全年级各学科免费直播课和自学课。全国孩子通过学而思网校App或者央视频、学习强国等渠道均可免费收看。

07 素质教育品牌励步英语、励步启蒙、摩比思维、赫石少儿体适能联手推出"幼儿园在家上"公益计划,一站式提供学龄前儿童所需的英语、思维、运动、科学、音乐、艺术等方面素养课程,帮助孩子在轻松有趣的氛围中度过这个"特殊的假期"。

10 0~3岁婴幼智慧托育品牌"GANOR佳诺教育"宣布完成Pre-A轮融资,由江西省青创投领投,投后估值逾亿元。本轮资金将用于直营和加盟体系的发展、信息化系统的升级和完善,以及品牌建设和推广等方面。

11 儿童象棋在线教育品牌弈小象获得北塔资本百万级天使轮投资。创始人及CEO兰宇表示,本轮融资将用于进一步加大课程研发投入,引进人才,增加师资储备,持续扩大行业领跑优势。

12 卓美儿童英文戏剧宣布其 1 对 1 线上课程已推出。据介绍，1 对 1 线上课程不局限于戏剧课，还包含绘本故事、剧目赏析、发音课、儿童文学作品解读课几大板块。

19 精锐教育发布 2020 财年一季度未经审计财务报告。财报显示，公司第一季度营收为 7.972 亿元，同比增长 23.2%；新签学生同比增长 53.5%。精锐教育董事长、精锐在线 CEO 张熙表示，精锐在线去年完成营收 2 亿多元，预计今年能增长 5 倍至 10 亿元。

25 广东省教育厅印发线上教育安排的通知。通知要求，全省中小学校 3 月 2 日起开展线上教育，学生不返校；大专院校、中职学校 3 月份开展线上教育，学生不返校；幼儿园、特殊教育学校不开展线上教育，学生不返校。

26 "凯叔讲故事"宣布完成 6600 万美元 C+ 轮融资，在一年时间内实现了超 1.2 亿美元的累计融资。本次融资由挚信资本领投、新加坡投资公司淡马锡和正心谷跟投，泰合资本继续担任独家财务顾问。

英语教育品牌小鸟上学已完成不惑创投 1000 万人民币 Pre-A 轮融资。此前，小鸟上学在 2018 年 3 月曾获得中路资本的数百万天使轮融资。据透露，小鸟上学 2019 年营收总计 3000 万元。在现有的 17 家校区中，有 14 家校区是 2019 年扩张的，平均下来单个校区 3 个月可以达到收支平衡，10 个月回本，单店 18 个月营收 870 万元。

27

AI 少儿英语平台"叮咚课堂"宣布完成数千万美元 B 轮融资，本轮融资由凯辉基金领投，原股东险峰基金、创世伙伴、襄禾资本跟投，荒合资本担任独家财务顾问。本轮资金将用于技术优化、场景教学及品牌建设等方面。

网易有道发布 2019 年第四季度及全年未经审计财务报告。财报显示，网易有道 2019 年第四季度营收 4.1 亿，其中，学习型产品和服务营收达 3.1 亿元，同比增长 128.6%，占总营收比例近八成。由在线课程、智能硬件为主要构成的学习型产品和服务已经成为网易有道主要营收来源。

2月 / February

28 口才培训品牌新励成今日公告宣布完成B轮数千万融资，本轮融资由明德传承领投，老股东广东文投跟投，多鲸资本担任本轮财务顾问。据悉，本轮融资资金将主要用于拓展少儿口才培训项目、加速OMO线上线下融合战略、增建成人口才学训中心以及提升公司品牌宣传等方面。

3月 / March

02 北京凯文德信教育科技股份有限公司发布公告。根据《关于非公开发行A股股票预案（修订稿）的议案》，此次计划募集的资金将用于"青少年高品质素质教育平台项目"，总额不超过10亿元人民币（含本数）。此外，发行股份数量不超过发行前总股本的20%，即不超过99713397股（含本数）。

乔斯少儿编程宣布获得蓝象资本投资。创始人汪阳青表示，本轮融资将用于增加口碑宣传，扩大用户规模及培养老师。据介绍，乔斯少儿成立于2017年，课程采用1V6在线小班互动的形式，创立"3 Don'ts"教学法，即"不给学生抄代码；不直接告诉学生答案；不限制学生的创意发挥"；由985、211等名校全职师资授课；截至目前，已为数千名少儿提供在线编程教学服务；入口班转化率42%，续费率86%，净推荐值91%。

03 瑞思英语举办了"数字化战略解读暨瑞思在线小班课发布"媒体沟通会。在此次沟通会上，"瑞思在线小班课"正式上线。

04 贝尔科教宣布收购少儿美术教育机构"蜗牛村·慢美术",并推出 STEAM 教育矩阵艺术板块的少儿美术教育品牌"田丁美学"。

07 字节跳动推出英语 AI 启蒙 App"瓜瓜龙英语",定位于面向 2 至 8 岁孩子的 AI 英语启蒙课程,App 上显示年课售价为 2680 元,体验课售价为 9.9 元(原价 99 元)。

09 从 3 月 9 日起,四川省按照"同一年级同一课表、同一学科同一老师"的原则,由省平台组织成都市锦江区(四川省基础教育大数据应用试点区)、武侯区(全国智慧教育示范区)名优教师录制小学一至六、初中一二、高中一二年级学习课程,组织成都市教科院数字学校录制初三、高三年级学习课程,组织全省省级名师开设名师讲堂,通过四川广电网络有线电视分年级分频道播出,通过四川电信、四川移动、四川广电、四川联通网络电视(IPTV)教育专区和四川省教育资源公共服务平台"停课不停教、停课不停学"专区同步推出点播、回放。

原新东方高管和业内名师泛教育领域网红名师的 MCN 品

牌"101 名师工厂"宣布获得蓝象资本天使轮投资。创始人覃流星表示，本轮融资将用于持续扩大签约名师规模及团队规模。

大疆在线上举办了一场发布会，宣布启用"大疆教育"品牌名，并再次加码教育业务，面向 9~19 岁的青少年推出一套包括教育硬件 RoboMaster EP 和 RoboMaster 青少年挑战赛在内的机器人教育产品方案。

10 托育服务品牌纽诺教育集团对外宣布了其正在推进的"托育行业帮扶计划"：托育行业内，对在资金、招生、运营等方面遇到困难的同业机构，纽诺教育愿意提供运营支持、师资派遣等帮助，同时，对于愿意接受收购或参股的托育机构可提供资金支持；对于已在同业机构预付款但"幼无所托"的客户，纽诺教育计划提供 100 个低于市场价优惠托育学位，减轻客户负担，为客户排忧解难。此次"托育行业帮扶计划"，主要由纽诺教育联合广州国发、广发信德等国有投资方共同发起，纽诺教育预计投入资金在 2000 万~3000 万元。

51Talk 公布了截至 2019 年 12 月 31 日的第四季度及 2019 全年业绩报告。财报显示，2019 年 Q4 净收入为 3.979 亿元人民币，同比增长 33.5%；现金收入为 5.823 亿元；毛利率为 72.2%，2018 年第四季度毛利率为 62.5%；运营现金流入为人民币 1.671 亿元，2018 年第四季度的现金流入为人民币 6730 万元；GAAP 净利润为 150 万元，去年同期亏损 1.4 亿元；Non-GAAP 净利润为人民币 530 万元，而 2018 年第四季度净亏损 1.324 亿元。本财季 51Talk 首次实现盈利。

11 代码星球宣布完成新一轮融资。本轮融资将主要用于拓展代码星球的 C 端业务。代码星球是在 2017 年切入的素质教育 B 端市场，为幼儿园、小学提供覆盖 3~12 岁儿童的课程体系。目前，代码星球还自主研发了"逻辑 A+"和"逻辑小道"两款幼儿园和小学编程创作工具。

据代码星球官方表示，为赋能幼儿园开展日常的编程课堂，会为其提供幼儿园课程体系，以及完善的课程管理系统、教学内容、教师培训、教材教具等全套资源。同时，代码星球还有课后的兴趣班业务。下一步，代码星球将利用线下资源的优势，推出线上 App，通过 AI 双师课堂的模式进行授课。

12 北京市文化和旅游局发布公告，称电商类、教育类、医疗类、培训类、金融类、旅游类、美食类、体育类、聊天类等直播不属于网络表演，不需要申请办理《网络文化经营许可证》。

字节跳动文化官方微信公众号发布了一封来自张一鸣的公开信，标题为《字节跳动 8 周年：张一鸣公布组织升级，未来将关注三大重点》。

在公开信中，张一鸣公布将进行组织升级，以应对业务变化和组织成长的挑战，同时将重点关注三个方面：超大型全球化组织的管理、科技公司如何创造更多社会价值和教育等新战略方向的思考规划。其中，关于教育这个新战略方向，张一鸣在信中表示：教育是公司跨界尝试的新业务方向。过去两年中，我访谈过不少老师学生，包括到不同课堂体验不同的教学效果，但因为时间精力有限，不够持续。接下来，我会重启对教育的访谈观察。

13 瑞思公布了截至 2019 年 12 月 31 日的 2019 年第四季度和全年未经审计的财务业绩。瑞思 2019 年全年总收入 15.29 亿元人民币，同比增长 20.3%，全年非美国会计准则下归属于瑞思的净利润达 2.13 亿元，同比增长 18.6%。

15 在线音乐教育平台 VIP 陪练宣布，截至 3 月 15 日，公司销售额已经突破 1 亿元。日前，VIP 陪练的陪练乐器种类由之前的 8 种升级至 20 种。截至 2019 年年底，VIP 陪练已有专业陪练老师超过 3 万人，累计服务琴童学员超过 200 万。单日最高营收突破 4000 万元，2019 年暑期（7 月、8 月）双月营收超过 3.3 亿元，全年营收较 2018 年同比增长 70%。

16 儿童体适能教育品牌趣动旅程发布公开信称，公司正面临上半年完全没有收入、现金流枯竭、部分高管及员工离开等困境，目前已聘请专业律师团队，通过破产重整寻求各种可能的机会。

早教中心品牌"Enwise"近日获得美国 Invus 风险投资基金数千万美元的追加投资，本次资金将主要用于拓展线下门店以及丰富线上教育产品。Enwise 创立于 2016 年，为 0~4 岁儿童提供早期成长教育服务，目前在北京、成都、重庆和苏州设有 8 家直营成长中心。

17 火花思维举行了跨越四地的线上周年庆，CEO 罗剑在会上公布了未来纵向与横向进行拓科的战略规划，并将在教研、教学、服务与技术方面进行全面的战略升级，为家长和孩子提供更精细化服务；同时预计今年将在成都建立新的教师中心，布局全国重点城市，抢占最优质的教师资源。据介绍，截至 2020 年，火花思维的正式学员数量已经突破 12 万，续费率 80%，转介绍率 82%，完课率高达 99%，88% 作业提交率。

上海市消费者权益保护委员会秘书处联合消费调查通过互联网调查系统采样、SPSS 统计软件数据分析、开展家长深度访谈以及多领域专家座谈等方式，共对上海、北京、深圳三地 3000 户有 4~17 周岁青少年的家庭进行了调查，数据显示，报班前五为外语、绘画、舞蹈或形体、钢琴等乐器、数学。

20 秦汉胡同国学宣布获得由明德传承集团领投的1.5亿元人民币B轮投资。关于本轮融资，创始人王双强表示将主要用于加速推进基于用户端线下线上混合倍增价值交付的门店扩张，以及成人业务"好研社"的发展。截至目前，秦汉胡同已在全国设立70余个线下教学点，主要集中在一、二线城市，服务线下重付费家庭5万余个，线上有声内容点击量逾2000万，且在2019年实现近4亿元的营收。

23 小码王宣布完成1.5亿元Pre-C轮融资。本轮融资将主要用于课程研发、技术研发等方面，希望在继续促进小码王课程体系优化迭代的同时，加速其在线业务的升级。

26 在线钢琴陪练品牌"快陪练"母公司未来橙教育，正式对外公布了面向音乐教育行业的To B战略级产品——云笛课堂。公司此前宣布获得的新一轮融资也将用于大力发展B端业务，推进云笛课堂和全国琴行的合作。

27 鲸鱼机器人已完成新一轮数千万元融资，领投方为普维资本。据鲸鱼机器人官方表示，本轮融资将主要用于拓展消费业务与产品深度技术研发等方面。

30 宝宝树集团发布2019年度业绩，数据显示，宝宝树全年收入约3.57亿元人民币，毛利约为2.23亿人民币，毛利率达 62.4%；全平台平均月活跃用户总数超 1.39 亿，其中移动端月活跃用户数达 2450 万，同比增长 7.9%。旗舰 App 宝宝树孕育次月平均留存率达 64%，较上年提升 2%。

31

教育部发布了《关于 2020 年全国高考时间安排的公告》：经党中央、国务院同意，2020 年全国普通高等学校招生统一考试延期一个月举行，考试时间为 7 月 7 日至 8 日。

猿辅导在线教育宣布已经完成最新一轮 10 亿美元的融资，本轮融资由高瓴资本领投，腾讯、博裕资本和 IDG 资本等跟投，融资完成后，猿辅导公司的估值达到 78 亿美元。

红黄蓝教育（以下简称红黄蓝）发布 2019 年业绩报告，全年营收 1.82 亿美元，毛利润 2670 万美元。2019 年归属于普通股东的净亏损为 240 万美元，而 2018 年净亏损为 180 万美元，同比扩大 33%。红黄蓝表示，净亏损扩大的主要原因为：利息收入减少，无形资产和固定资产摊销费用及缴付所得税费用增加所致。

4月 / April

01 罗永浩直播卖货首秀,其中本次"斑马AI课"作为第18件商品出现在罗永浩的直播间,主播开始介绍"斑马AI课"的时间是21点49分,4分钟后上线了购买链接。15分钟后,销售了10084份"斑马AI课"英语/思维双周体验课。

豌豆思维联合创始人兼总裁于大川在创新工场组织的线上直播中透露,豌豆思维3月份的营收已超过9000万元。

02 猿辅导旗下的"斑马AI课"3月份整体营收超过3亿元。其中,斑马思维业务的月收入接近1.5亿元。另外,还有消息称猿辅导2019年的全年营收在30亿~40亿元之间,其中"斑马"系列2019年的整体营收超过了10亿元。

火花思维官方表示:"3月份的营收的确达到了1.5亿元。另外,2月份火花思维的营收也已经破亿元。"

04 博实乐·环学教育推出"全领域素质教育平台"项目。主要面向3~18岁青少年及父母,产品涉及的领域包括游学研学、营地课程、体育教育、艺术创意、科学思维、素质拓展和家庭教育等。

07 为严厉打击重点领域侵害消费者权益的违法行为，更好地保护消费者合法权益和人身财产安全，浙江省全省启动为期三个月的"亮剑2020"综合执法行动。重点关注领域包括房地产及物业管理领域、教育培训领域、母婴行业相关领域、汽车销售及服务领域、互联网领域等。其中教育培训领域将重点查处幼儿教育、儿童教育培训、学科教育培训、职业技能培训、线上教育培训等行业内，非法出售、购买或交换消费者个人信息以及虚假宣传、违法广告等违法行为。

辽宁省辽阳市通冠教育违规组织学生线下补课被群众举报，除依规取缔查封机构外，机构负责人被治安拘留，相关授课人员被调查处理。

09 鲸鱼宣布，3月份营收已突破7000万，3月环比增长近3倍，单日营收突破1500万。而在2月份，鲸鱼的新增用户已是1月的2倍，去年同期的3倍。

11 | 狮王教育进行了系统化的教研和技术探讨与升级，在全国启动狮王合伙人计划，推出觉商教育线上平台，累计超2000万人次收听课程直播。

12 | 字节跳动于4月12日正式上线了数学思维学习平台"瓜瓜龙思维"。

13 | 盐城市4月11日发布《关于全市第三批学校开学时间的通知》，盐城市小学一、二、三年级和特殊教育学校、技工学校于4月13日开学上课。幼儿园原则上于4月13日开学，根据幼儿园家长意愿实行按需弹性入园。

南通市和宿迁市也于日前发布开学通知，4月13日幼儿园开学。

15 | 专注于0~3岁家庭在线早教品牌卡比早教，正式宣布完成数千万元天使轮融资，由险峰长青领投，北塔资本、锐沣资本与蓝象资本跟投。本轮融资将主要用于卡比早教进一步丰富和完善线上课程产品线以及配套服务等方面。

16 | 南通市崇川区下发《恢复线下培训相关要求的通知》，明确提出：当地由区教体局牵头，区卫健委、市场监管局、人社局、民政局、公安崇川分局以及辖区各街道办事处共

同参加，成立联合验收组，对申报机构进行验收，通过验收的机构方可有序恢复线下培训。其中，托育机构的验收由卫健委家庭发展科负责受理。

画啦啦少儿美术于近日完成B3轮融资，本轮融资由启承资本独家投资，光源资本担任独家财务顾问。本轮融资将用于加大师资、扩大全职教师队伍、强化教师培训方面的投入。

17 浙江省教育厅就做好2020年春季学期中小学教育教学有关工作发出通知，经研究，浙江确定全省初中、小学和幼儿园在7月初放假，普通高中在学考结束后放假，中职学校在单独考试结束后放假；秋季学期按正常的教育教学秩序安排。开学复课后，全省高三、初三年级可以利用双休日一天时间进行补偿性上课，其他年级不补课。

编程猫宣布获得了由招银国际领投，中银集团旗下股权投资基金渤海中盛，现有股东粤科鑫泰、盛宇投资等跟投的2.5亿元C+轮投资。截至目前，编程猫C轮共计获得了6.5亿元的投资，历史累计融资金额达到12.5亿。编程猫官方表示，完成此轮融资后将持续优化教学内容与技术服务，为平台上的3000多万用户提供"好工具、好课程、好老师"。

20 火花思维宣布获得快手战投 3000 万美金注资。据悉快手从去年年底与火花进行接触，春节后作为 D+ 轮投资火花思维。

中国平安旗下青少年在线教育品牌 vipJr 升级为"平安好学"，定位为"K12 一站式全科学习平台"，为 5~18 岁青少年学员提供英语、数学、语文、编程等多学科在线教育服务。

21 新东方公布了 2020 财年第三季度业绩：净收入逾 9.23 亿美元，同比增长 15.9%；运营利润约为 1.17 亿美元，同比增长 22.4%；归属于新东方的净利润约为 1.38 亿美元，同比增长 41.4%。

数据显示，新东方 2020 财年第三季度学生报名人数约为 1606100，同比上升 2.3%。截至 2020 年 2 月 29 日，学校总数为 99 家，学习中心总数达 1416 家，与去年同期相比净增 252 家（2019 年同期学习中心总数为 1164 家），与上季度相比净增 112 家。

大地幼教发布最新业绩数据：2019 年公司总营收为新台币 10.96 亿元（人民币 2.58 亿元），较 2018 年总营收新台币 9.7 亿元（约合人民币 2.3 亿元）增长 13%；公司 2020 年第一季度营收为新台币 1.39 亿元（约合人民币 3278 万元），相比于 2019 年第一季度营收新台币 2.75 亿元（约合人民币 6485 万元）减少 49%（以上汇率换算：都是按照当时汇率转换）。

22 麻雀语文宣布已正式完成天使轮融资，本轮由唯猎资本、高樟资本和北塔资本联合投资，曾于2019年1月和11月先后完成两轮股权融资。关于本轮融资，麻雀语文创始人刘派表示将重点用于"教学练测评"闭环的打磨和市场拓展。

23 美术宝旗下"小熊AI美术"首月单日营收突破100万元。小熊美术聚焦于3至8岁的学员，提供在线AI美术课程。据其官网显示，目前提供49元10节的体验课，其中涵盖8节AI互动课以及2节名师直播课，并寄送小熊魔盒M-box。该产品的推出，是美术宝的低价引流课，也可以以一种更为普惠的特性帮助美术宝深入更下沉的城市。

企业微信举行了线上教育行业发布会，会上腾讯企业微信发布了针对基础教育行业的解决方案，针对学校上网课、师生管理、复学管控推出新功能。同时，腾讯企业微信还将累计投入10亿元的教育启动金，专项服务学校、教育局快速上手智慧教育解决方案，为老师家长减负，为学校和教育局增能。

童画森林创始人王心卉受邀出席中关村互联网教育创新中心联合华为云举办"激荡向前-2020互联网教育企业家年会暨华为云在线教育创新季发布会"，并参加圆桌论坛：

因时而动——OMO 教育模式的升级与探索。与此同时，童画森林启动"战疫"扶持计划，定向帮扶，与线下机构合作共赢，半年来帮助近百家线下机构解决线上复课问题，助力线下美术教育企业快速破局。

24 江西省兴国县两家校外培训机构负责人在未经主管部门允许的情况下违规提前开展培训，已勒令两家机构关停，同时列入兴国县校外培训机构黑名单。

27 钉钉和支付宝宣布了教育版的"春雷计划"，推出普惠教育行业数字化的 13 项具体措施。这是阿里扶助中小企业"春雷计划"的延伸措施，目的在于充分发挥阿里的数字化技术能力，加速社会各行各业数字化转型升级。

豌豆思维对外宣布已持续多月实现正向现金流。其中，3 月份实现正向现金流达 4300 万元，现金储备和预收学费比值超过 1:1，已具备面向所有学员的全额兑付能力。与此同时，基于平台对高标准师资的持续储备与精细化运营，豌豆思维目前可以实现在两周内针对 90% 以上的新学员快速开课。

专注中小学教育信息化和智慧教学的十六进制（HexFuture）宣布获得由信天创投领投，蓝象资本、飞图创投、学大教育跟投的 3000 万元 A 轮投资。此前，十六进制曾获得蓝象资本的天使轮投资。对于本轮融资的用途，十六进制创始人刘丹峰表示:"还是会投入到市场推广和产品更新迭代上,十六进制会继续深化与合作伙伴在基础教育信息化领域的合作。"

28 立思辰发布其2019年年报以及2020年第一季度报告。2019年立思辰营业收入19.79亿元,归属于上市公司股东的净利润3059.36万元。其中大语文学习业务现金收款5.50亿元,比上年同期增长127.85%;确认收入4.38亿元,比上年同期增长142.90%。2020年Q1大语文业务现金收款金额4807万元,同比增长75.76%,确认收入9001万元,较上年同期增长51.84%。截至2020年一季度末,大语文直营中心为111家,加盟中心为334个,净增9家;分校业务报名人次26551万人次,同比增长94.30%。

盛通股份(002599)发布了2019年年报。报告显示,盛通股份2019年实现营收19.52亿元,同比增长5.87%;实现净利润1.41亿元,同比增长13.82%;扣除非经营性损益的净利润为1.26亿元,同比增长41.31%。其中,盛通股份教育培训业务在报告期内实现的营业收入占公司总营收的16.92%,为3.30亿元,同比增长32.56%;实现净利润3894.08万元,同比下降17.06%。

29 美吉姆发布2019年业绩报告,报告期内,美吉姆全年营收为6.3亿元,同比增长137%;归属于上市公司股东的净利润为1.2亿元,同比增长279%。报告期内,公司推出了副牌"小吉姆",与主品牌"美吉姆"区别定位、错位发展,深挖下沉市场,加强三、四线及以下城市空白市场的布局,"小吉姆"截至目前已经签约4家中心。

好未来公布其截至2020年2月29日的2020财年第四季度和全年未经审计财务报告。财报显示2020财年第四季度营收8.577亿美元,同比增长18%;归属于好未来的净亏损为9010万美元,上年同期归属于好未来的净利润为9960万美元。2020财年全年净收入从上年同期的25.630亿美元增长到32.733亿美元,增幅为27.7%;经营利润从上年的3.416亿美元下降到1.374亿美元,降幅为59.8%;归属于好未来的净亏损为1.102亿美元,2019财年归属于好未来的净利润为3.672亿美元。

30

趣动旅程发布《关于趣动旅程最新进展的通告》表示,趣动旅程已经和黑蝶资本达成合作,双方已就北京业务的接手方案达成共识。同时,黑蝶资本已经启动对西安等外地业务的尽调。

少儿教育综合体"育想家"获得润凯商业集团数千万融资。据悉,本轮融资育想家将用于加快全国开店步伐。

5月 / May

06 西瓜创客宣布获得腾讯B+轮投资,具体投资金额未透露。据西瓜创客创始人肖恩表示:"西瓜创客单用户经济模型优异,公司发展和增长健康,在本轮获得腾讯投资后,将加强教学教研的投入,深入研究中国小学生编程思维的培养、学习悟性的提升,赋能孩子全面提升面向未来的能力。"

08 字节跳动旗下在线教育产品"瓜瓜龙英语"亮相罗永浩抖音直播间。据"瓜瓜龙英语"官方表示,在罗永浩的直播过程中,其产品上架不到10秒钟就售出5000份。

12 贝尔科教集团宣布完成新一轮1.2亿元融资,投资方为越秀产业基金、源政投资等机构。据其官方透露,本轮融资将用于集团线上线下体系的进阶优化及战略升级。

13 新三板公司爱酷体育发布2019年年度报告,公司全年营收2337万元,与上年同期相比上涨111.34%。归属于挂牌公司股东的净利润263万元,同比上涨5420.81%。

14 | "贵州教育发布"发布通知指出,高校非毕业年级、小学及幼儿园于2020年5月15—30日实行分批、错时、错峰开学。校外培训机构自5月15日开始,经所在县(区)政府评估,市(州)教育部门审核,并报省教育厅批准后可以有序开展线下培训。

威创集团股份有限公司发布关于北京凯瑞联盟教育科技有限公司(以下简称凯瑞联盟)2019年年度业绩承诺实现情况的说明。凯瑞联盟成立于2013年,总部位于北京,目前,凯瑞联盟旗下拥有芝麻街英语在中国大陆及港澳地区的独家代理权,同时拥有基于与剑桥大学出版社、剑桥大学考试委员会、剑桥大学外语考试部联合推出的Cambridge ClassServer技术支持下的剑盟雅思预备学院、剑盟青少英语两个教育品牌。2019年度凯瑞联盟实现归属于母公司的净利润6599.67万元,扣除非经常性损益后归属于母公司的净利润6374.05万元,高出承诺数274.05万元。

15 | 瑞思发布2020年第一季度财报。财报数据显示,2020年第一季度瑞思总营收1.09亿元人民币;净亏损1.038亿元,去年同期为净利润3640万元。

16 | 河北省教育厅发布《关于各级各类学校复学复课时间的公告》(以下简称公告),公告称经研究决定,河北省2020年春季学期全省高中一、二年级,初中一、二年级,中职学校一、二年级和小学六年级自6月1日起复学复课;小学

5月 / May

四、五年级自 6 月 8 日起复学复课；一至三年级则做好复学复课准备，具体时间另行确定。复学复课前，大中小学校继续开展线上教育教学。另外，具备开园条件的幼儿园可自 6 月 8 日起陆续开园，但是幼儿入园坚持自愿原则。其中，对于校外培训机构的复课时间，公告称面向参加艺考的高三学生和高考复读生的合法校外培训机构，可自 6 月 1 日起提出线下开班申请，经核验合格后有序恢复线下培训。其他校外培训机构恢复线下培训时间另行确定。

20

网易有道发布了 2020 财年第一季度（截至 2020 年 3 月 31 日）的未审计财报。据财报显示，网易有道 2020 财年第一季度的营收为 5.41 亿元，同比增长 139.8%；净亏损为 1.69 亿元，同比扩大 0.67 亿元，去年同期为 1.02 亿元。

21

北京阅神智能科技有限公司"阅神 AI"近日宣布获得启迪之星创投、取势成长基金数百万元天使轮投资。本轮融资将主要用于技术平台开发和人才队伍完善。

24

国家发改委副主任宁吉喆 5 月 24 日在国新办新闻发布会上表示，下一步，国家发改委将按照政府工作报告的要求，多措并举促进消费回升。具体措施包括：结合服务业的供给侧改革发展，加快释放文化、体育、托幼、教育培训等服务消费的潜力，推动文化事业和产业繁荣发展，大力发展体育消费，普及全民健身和体育观赏；加快培育新型消费,大力发展"互联网＋社会服务"消费模式,培育丰富在线教育、在线医疗、在线文娱等线上消费。

25 轻教育知识服务商"时间知道"宣布完成A轮融资。此次领投方为凯智资本,融资额超千万元。据资料显示,"时间知道"业务聚焦于泛家庭成长领域的内容付费,目前已经推出了近十款课程,以亲子教育为突破口。"时间知道"又陆续推出泛家庭场景中,关于女性成长、空间收纳、家庭财富等领域的课程。

26 51Talk发布2020年第一季度财报。财报数据显示,51Talk一季度营收4.87亿元,同比增长52.2%,超过预期指引高端7.1%;净利润5008万元,去年同期为亏损6620万元,非美国通用会计准则净利润为5700万元,去年同期为亏损6240万元;总运营支出为3.149亿元人民币;毛利率为70.4%,而去年同期为67.0%。

27 流利说发布其2020年第一季度财务报告。报告期内,流利说净营收2.283亿元人民币,同比下降9.9%,高出预期的指导区间高位9%;净亏损1.97亿元人民币,去年同期净亏损6730万元人民币,亏损同比扩大192.7%;归属于毛利率为65.5%,而2019年第一季度为76.4%。

童画森林受邀担任2020迪拜世博会共同宇宙儿童画展特邀

5月/May

评审单位，共同策划参与展览。与此先后，童画森林153位学员斩获波士顿艺术博物馆优秀作品奖，196位学员斩获全国中小学生绘画比赛奖项。同时，在中国"非遗专题大奖赛"，"法国卢浮宫We Are The World国际儿童艺术展"优秀作品选拔赛等各项中内外艺术赛事中持续取得优秀成果，童画森林用行动和成绩证明，疫情不会影响我们对艺术教育的热情和执着，相反进一步加快了我们迈向教育OMO的步伐，更好的为每一位学员和家庭服务。

28

十牛科技宣布战略投资夏洛英语。双方将结合各自在教育领域的优势资源，共同探索、全面布局新一代教育课程交易体系。据介绍，十牛科技定位于教育信息服务，通过构建教育服务生态闭环以深入服务校方、家长、教培机构的多元需求。十牛科技旗下自主品牌十牛校园通过自行研发校园物联网智能硬件作为进校切入点，为学校提供教育信息化解决方案，目前在全国已有上万家合作学校和机构，用户已达百万级。十牛科技旗下的课程交易平台找哪学一站式全能选课平台，已合作教育品牌超过100个。

29

腾讯教育旗下针对3~8岁儿童的英语启蒙教育平台"腾讯ABCmouse"宣布更名为"腾讯开心鼠英语"。同时，腾讯开心鼠英语（腾讯ABCmouse）将在课程体系上进行扩充，免费新增30%听力部分课程和拼读与阅读路径，提供听、说、读、写英语启蒙，提升宝宝综合英语能力。

31 猿辅导推出STEAM科学教育品牌"南瓜科学",该科目的适学年龄段为3~8岁。从"南瓜科学"公众号了解到,"南瓜科学"的体验课售价也是49元,包括两周的课程,一套教具,由老师24小时进行辅导。"南瓜科学"会让学生在智能互动体验课堂中,利用这套内含53件原创实验的器材,完成两周的科学思维训练课程。

6月/June

01 珠海市教育局官方微信公众号"珠海特区教育"日前发布公告,宣布第二批可线下开课的校外培训机构名单,共有103所校外培训机构已符合线下复工复课条件,可于6月3日后开展线下教学活动。此前在5月29日,珠海市公布了第一批符合学生返园(校)条件的幼儿园和特殊学校名单,横琴中心幼儿园等248所幼儿园和特殊学校(含珠海国际学校和珠海科爱赛国际学校幼儿园学段),符合学生返校条件,可于6月2日安排幼儿(学生)返园(校)。

由原新东方高管和业内名师创办的泛教育领域网红名师的MCN品牌"101名师工厂"宣布获得数千万元Pre-A轮投资,由北塔资本领投,蓝象资本跟投。这已经是101名师工厂三个月内的第二轮融资。此前,101名师工厂曾获得蓝象资本天使轮投资。

早教托育品牌十牛小镇宣布完成数百万元融资,本轮融资由广州泰硕投资管理有限公司领投。据悉,本轮融资将用于十牛小镇全国的市场扩张和团队建设。

凯叔在"凯叔讲故事"App里开启了一场主题为"六一撒欢儿童节"的直播活动,官方透露其在直播中累计送出价值超300万的儿童节礼物,三小时直播带货战绩为1168万元。

02 在线少儿音乐教育机构 vipSing 宣布完成近千万元天使轮融资，本轮投资方为四季教育和创伴基金双领投，成为资本沙桦跟投。本轮融资将用于课程开发、技术升级迭代、营销推广等方面。

伽牛教育宣布完成由盛通股份投资的千万元级 Pre-A 轮融资。对于本轮融资的用途，伽牛教育创始人、董事长张拓表示："将主要用于加速推进线下门店的扩张，及线上线下相结合的 OMO 服务模式的进一步完善优化。"

2020 年广州市中小学（含中职学校）暑假时间确定，7 月 22 日起放假，幼儿园参照执行。根据安排，广州市 2020 年中小学春季学期于 7 月 21 日结束。

06 艺朝艺夕集团宣布新入驻四个城市，分别为无锡、苏州、南通、宁波，将新增近 20 家中心。艺朝艺夕与弗恩英语、跑沃尔、克乐思均为艺朝艺夕教育科技集团有限公司旗下教育品牌。其中，艺朝艺夕创立于 2012 年 12 月，专注于 3~18 岁青少儿艺术教育，已设有创意美术、专业舞蹈、特色音乐、表演等课程，拥有中国舞、国标舞、流行舞、音乐、美术、表演六个艺术教学项目。

07 四川省南充市教育和体育局发布第六批校外培训机构黑白名单公告。公告内容显示："为规范我市校外培训机构办学行为，切实减轻中小学生课外负担，根据教育部等四部委印发的《关于切实减轻中小学生课外负担开展校外培训机构专项治理行动的通知》和省、市校外培训机构专项治理工作相关文件精神,经各县(市、区)教育行政部门审核上报,现发布南充市第六批校外培训机构黑白名单。黑白名单实行动态管理,后期将根据排查和整改情况适时调整。"其中,白名单555家,黑名单177家。

08 重庆市教育委员会发布《关于深入开展校外培训机构专项治理行动的通知》指出,规范治理面向中小学生以学历教育相关课程或者考试科目为培训内容的中小学课程辅导、外语培训、专业艺术院校招考科目辅导类培训机构。

09 英语机构教学SaaS平台绘玩科技宣布正式完成数百万元天使轮融资。本轮融资由北塔资本领投,东方之星教育机构跟投。此前,绘玩科技曾获得阳光教育集团的战略投资,并获得大连高新区海创工程的政府政策资金支持。

在线AI外教美术教育平台VIPidea获得千万元级天使轮投资,由58产业基金领投,创新工场早期基金跟投。本轮融资将主要用于技术、产品升级,教育及互联网人才招募,以及市场营销投入。

11 青少年美术教育品牌土豆苗完成新一轮融资,根据公开资料显示,此前土豆苗已于2019年完成千万元A轮融资。

本轮资金主要用在校区建设、课程研发中心建设以及技术开发上。

江苏省无锡市梁溪区长颈鹿美语培训中心宣布倒闭，该培训中心由无锡杰乐菲教育咨询有限公司开办。

13 达内科技向美国证券交易委员会提交了截至 2019 年 12 月 31 日的年报。据达内科技公布的报告显示，2019 年全年净营收为 20.51 亿元，较去年同期的 20.85 亿元下降 1.6％，净亏损为 10.38 亿元。童程童美全年实现净营收 5.24 亿元。

15 教育部对 2019 年全国教育经费相关情况进行了统计。数据显示，2019 年全国教育经费总投入为 50175 亿元，比上年增长 8.74%。其中，国家财政性教育经费（主要包括一般公共预算安排的教育经费，政府性基金预算安排的教育经费，国有及国有控股企业办学中的企业拨款，校办产业和社会服务收入用于教育的经费等）为 40049 亿元，比上年增长 8.25%。

18 教育部和市场监管总局联合印发《中小学生校外培训服务合同（示范文本）》，此举意在规范校外培训机构服务行为，推动化解校外培训收退费纠纷。合同文本所称校外培训机构是指，面向中小学生开展非学历其他文化教育培训的培训机构。合同签订前，培训机构应当出示办学许可证、营业执照（或事业单位法人证书、民办非企业单位登记证书）等证明文件。

秦汉胡同宣布与东书房达成战略合作，双方将结合自身优势，共同开启新一阶段的合作协同模式，共兴国学。本次合作将率先在浙江区域开展，双方将在品牌协同、校区共享、信息系统、产品研发、考级竞赛等方面展开资源共享和效率最大化，并在教学研发、教学创新等方面展开深层次合作。

19

3D动画编程创作平台帕拉卡（Paracraft）宣布获得浙大教育（藕舫）基金500万元的天使轮投资。帕拉卡创始人李西峙表示，本轮融资将主要用于在国内市场推广Paracraft工具，让更多的老师和学生能够创造属于自己的3D世界。

儿童早期教育品牌"A索国际教育"在其官方网站宣布，已经完成千万元级A轮融资。据了解，本轮资金将用于实体中心直营和加盟门店的扩张、课程升级、人力资源开发，以及优质教育资源引入和信息化系统完善等方面。

20

教育部就2020年高考防疫及组织实施等工作安排召开了新闻发布会。发布会上，教育部新闻发言人续梅介绍今年高考报名人数1071万人，比去年增加40万人。全国将设考点7000余个、考场40万个、安排监考及考务人员94.5

万人。

22 迪士尼英语发布《致迪士尼英语学员及家长的一封信》，信中称，全国迪士尼英语中心自2020年1月以来一直未开放，经过慎重考虑后，公司决定将不再重新开放迪士尼英语中心。

淘宝发布"一亿新生计划"，宣布进军教育领域。依托淘宝8亿活跃用户，直播、营销、小程序等工具及"猜你想学"的能力，淘宝将搭建全新在线教育基础设施，未来三年帮助超1000家教培和知识付费机构获取10万名以上新生。

23 武汉东湖新技术开发区管理委员会、中国（湖北）自由贸易试验区武汉片区管理委员会印发《关于促进在线教育服务高质量发展的政策措施的通知》，指出，力争到2025年，培育集聚10家以上在线教育服务龙头企业（上市或独角兽企业），50家以上年收入超亿元的在线教育服务骨干企业，全区在线教育服务产业总收入超1000亿元，成为国内领先、国际知名的在线教育服务产业高地。武汉将设立总规模50亿元的在线教育服务产业发展引导基金，采用"母基金＋直投"相结合、延长投资周期等方式，支持区内在线教育服务企业发展。

北京市东城区人民政府与北京姚基金公益基金会在京召开战略合作座谈会并签署协议，双方将发挥各自优势，共同推进东城区扶贫协作地区河北省张家口市崇礼区、内蒙古乌兰察布化德县、内蒙古兴安盟阿尔山市乡村学校体育教育事业的发展。

江苏无锡江阴市市场监督管理局通报，在对某教培机构进行监督检查时，执法人员发现几十个标注了江阴各个中小学名称的EXCEL表，涵盖了江阴市绝大部分中小学学生和家长的信息资料，包括学生姓名、性别、所在学校、年级、班级、学生家庭地址、家长姓名及电话等个人信息14万余条。经查，该教培机构主要面向小学初中学生提供非学历文化教育培训，当事人通过不明渠道获得涉及全市97所各类学校学生的个人信息14万余条。当事人的行为违反了《消费者权益保护法》《江苏省消保条例》相关规定，依据《江苏省消保条例》第六十二条的规定，江阴市市场监管局对当事人处以罚款30万元。此外，因涉案公民个人信息数量巨大，江阴市市场监管局依法将此案件线索移交当地公安局。

24

猿辅导孵化的早教App斑小马早教已经在应用商店上线。根据其在应用商店的介绍，斑小马开发者是北京猿力教育科技有限公司，为0~3岁幼龄儿童提供双语早教解决方案，包含实物玩具、学习机、绘本、早教卡、配套视频等内容，每月内容根据儿童月龄发展规律设计打包。

26 河南大山教育通过港交所聆讯,即将正式登陆港交所。根据资料显示,大山教育直营中心共80家,其中79家集中在郑州地区、1家位于新乡,除郑州外共12名特许经营人,11名位于河南,1名位于浙江。

29 北京教育考试院发布《北京市2020年普通高等学校招生全国统一考试及普通高中学业水平等级性考试工作的通知》,今年高考考试时间为7月7日、7月8日。7月25日,统一高考和学考等级考成绩通过北京教育考试院网站(www.bjeea.cn)发布。7月27—31日,统考考生填报本科志愿、单考考生填报志愿。8月上旬至8月底实行录取。此外,今年北京参加统一高考考生共49225人,设17个考区,132个考点,每个考场人数由30人减至20人。

在线教育品牌作业帮已经完成7.5亿美元E轮融资,由方源资本和Tiger Global领投,Qatar Investment Authority、红杉资本中国基金、软银愿景基金一期、天图投资、襄禾资本等新老股东跟投;由泰合资本担任独家财务顾问。

7月 / July

01 秦汉胡同正式宣布开放其加盟业务。有别于传统加盟形式，秦汉胡同开放的不是简单的品牌授权和业务模式拷贝，而是与有志传承、弘扬优秀传统文化之士共创，更提供对合作者教育理念、原创内容、运营管理能力等多方面的培养。将进行加盟前筛选及加盟后考核，严格把控加盟分馆教学、运营能力。并非只考核运营业绩，更注重价值观、教学理念的执行。对于优秀加盟商，秦汉胡同会提供扶持让利，包括但不限于资金扶持等全方面协助。

02 好未来披露了2020财年业绩和最新持股结构。年报数据显示，好未来2020财年营收32.733亿美元，同比增长27.7%；2020财年净亏损为1.102亿美元，2019财年录得净利润3.672亿美元。线下学习中心遍布70个城市，总计871个；共计27500名专职教师以及8245名合同教师。

优必选科技宣布联合杭州市余杭区教育局落地人工智能教育项目，涵盖96所标准校、4所中心校和2所基地校，为余杭区约3.3万余名中小学及普职学生提供课程、竞赛、实践等学习机会，并为教师提供培训服务。其中，标准校覆盖项目内所有中小学，启蒙所有学生对人工智能的兴趣；中心校额外配备了人工智能实验室，为对人工智能兴趣的学生提供深度实践的机会。标准校和中心校课程以华东师范大学出版社和优必选科技联合出版的《AI上未来智造者》系列为教材，贯穿小学到高中。

腾讯正在测试一款名为"Z星球"的App，目前在部分安卓系统的手机中采用预约下载模式，苹果商店中尚未上线。在功能设计上，主要分为首页、学霸和个人中心。腾讯方面称，"Z星球"是腾讯成长守护平台正在孵化的一款非营利性产品，是一款定位帮助青少年学习成长、提供关爱陪伴的应用，希望发挥榜样的力量，鼓励青少年努力学习，发现人生更多可能性。

04 婷婷姐姐在淘宝平台进行了其首次直播带货。这是淘宝官方联合婷婷姐姐，推出的史上首次教育专场直播。本次直播在当天下午2点准时开始，一共上线了20余个教育产品，均与教育相关，涉及英语、语文、思维、数学、传统国学、传统文化、早教等，产品类型覆盖在线课程、智能硬件、图书、玩具等。整场直播从下午2点一直持续到晚上8点，长达六个小时。截至直播结束，婷婷心选直播间观看人数达110.22万，点赞超500万。

06 在"大·有来头 小·有作为"立思辰&凹凸个性教育战略投资发布会上，凹凸教育宣布已正式获得立思辰首批1300万元投资金额，预计总投资金额在5000万元左右。凹凸个性教育成立于2011年，有千余家加盟学习中心，累

7月 / July

计服务学员40余万人次。立思辰的基因是班课及在一线城市的占有率，而凹凸个性教育则主要在三、四线城市发展，积累了多年个性化教育经验，双方合作将优势互补。

07 美吉姆发布公告称，为调整产业结构，拟将持有的大连三垒科技有限公司（以下简称三垒科技）100%股权以人民币2.49亿元的价格转让给俞建模和金秉铎，转让完成后公司将不再持有三垒科技股权，未来将更加聚焦早教业务。其中，俞建模为美吉姆公司持股5%以上大股东，按照《深圳证券交易所股票上市规则》规定，为上市公司关联方，本事项属于关联交易。

09 爱学习教育集团举办"Rebuild——爱学习英语品牌升级&新品发布会"，发布了5T教学新模式，并强调在OMO时代，爱学习给出的解决方案就是5T教学法。5T教学是指，学生在通过课前趣味动画预习后，由线下中教老师（T1）授课讲解、外教老师（T2）课中通过绿幕交流互动授课、北京名师（T3）课后通过专题课巩固知识点、课后在线外教（T4）1对1强化口语交流，以及课后AI老师（T5）通过语音跟读教学纠正发音，为学生提供贯穿课前、课中、课后全场景的完整语言学习。

盛通股份发布公告宣布其全资子公司北京乐博乐博教育科技有限公司与大疆全资子公司深圳市大疆百旺科技有限公司签署了有效期三年的《战略合作框架协议》。据盛通股份发布的公告显示，乐博乐博与大疆百旺科技双方拟在教学硬件采购与销售、课程产品开发和落地、赛事授权与运营、俱乐部授权与运营、游学及研学营地运营等方面展开合作。

在线美术教育品牌美术宝教育宣布获得4000万美元C+轮投资，C轮累计融资8000万美元。本轮继续由腾讯领投，顺为资本、蓝驰创投、华联长山兴、创致资本、博佳资本跟投，高鹄资本担任本轮融资的独家财务顾问。美术宝的业务包括在线1对1、在线小班课（1对6）、3~8岁少儿美育综合素养课小熊美术、美术宝艺考、美术宝智慧校园（微校）。据美术宝官方透露，2019年其营收近7亿元，2020年营收目标定为20亿元。

11 早教托育品牌全优加宣布完成3500万元首轮战略融资。本轮融资由广东中科科创创业投资管理有限责任公司领投，珠海横琴湾区零壹投资管理有限公司跟投。2018年6月，全优加开始与中科科创及零壹金服展开战略合作。在顺利完成2018年预算目标后，为迎接托育市场高速发展，全优加制定了"2019—2023五年计划"，目前其已顺利完成五年计划的第一年目标：直营校区数量增加26个，总校区数量超过90个。

14 立思辰在其线上直播发布会上，宣布上市公司名称由原来的"立思辰"更名为"豆神教育"，豆神教育总裁、豆神大语文创始人窦昕宣布豆神大语文进入4.0时代。同时，豆神教育体系下各条产品线也进行了升级调整。在中学业务方面，豆神教育成立了中考事业部，专注研究初中部分的知识体系、教学体系、考试体系、名师体系等板块；在小学部分，形成了"三大体系、五大课程"，前者包括培优体系、拔尖体系以及王者体系；豆神优课则将实现多屏端覆盖。其次，豆神教育推出了全移动端的教育机构SaaS服务系统，覆盖报名、教务、教学、研发等功能，将赋能中小机构。窦昕表示，今年新推出"豆神家学馆"计划，即大语文开进社区，将用未来两年的时间挺进北京、上海等重点城市的所有社区，除自营外也将予以品牌授权形式。其以北京为例，计划两年内在各个社区开设1000家豆神家学馆。

小步在家早教宣布已上线面向2~6月龄研发的亲子运动课程——小宝宝STAR悦动课。不同于以往的以单节课为教学推进单位，针对更低龄段的STAR悦动课是以"计划"为单位进行的，每个计划的时间为1周或2周，每天都安排不同的训练课程。小步在家早教方面表示："目前市场上的早教内容大多针对6个月以上的宝宝研发，针对小月龄宝宝的内容很多家长只能请月嫂代劳或自己翻阅书籍或网络搜索，但都会有费用较高或内容过于碎片化的问题。小步在家早教此举主要是为了满足这部分家长的需求。"

15 国家发改委等13部门公布了《关于支持新业态新模式健康发展激活消费市场带动扩大就业的意见》，明确鼓励发展新个体经济，进一步降低个体经营者线上创业就业成本，支持微商电商、网络直播等多样化的自主就业、分时就业；重点鼓励发展在线教育、互联网医疗、线上办公等新服务模式；探索适应跨平台、多雇主间灵活就业的权益保障、社会保障等政策。

教育行业 SaaS 服务商翼鸥教育宣布完成数千万美元 B 轮融资，投资方为渶策资本（INCE Capital）。翼鸥教育成立于 2014 年，主要致力于开发服务教育领域的在线直播系统，2017 年发布了在线互动直播教室 ClassIn。截至 2020 年 3 月，ClassIn 服务了全球超 140 个国家的上万所学校，老师和学生用户超 1200 万，平均人月课时 4.3 小时。

中央财政下达转移支付资金 188.4 亿元，比上年增加 19.9 亿元，增长 11.8%，继续支持各地实施好第三期学前教育行动计划。在分配资金时，继续加大对"三区三州"等深度贫困地区支持力度。同时，要求省级财政、教育部门切实发挥省级统筹作用，科学规划幼儿园布局，深化体制机制改革，坚持公办民办并举、多种形式扩大普惠性学前教育资源，向"三区三州"等深度贫困地区特别是脱贫攻坚挂牌督战县倾斜，向积极推动普惠性民办园发展的地区倾斜。自 2011 年以来，财政部会同教育部等有关部门支持各地先后实施了三期学前教育行动计划，重点支持地方扩大普惠性学前教育资源。据统计，2011—2020 年中央财政累计安排支持学前教育发展资金 1520 亿元。我国学前三年毛入园率从 2010 年的 56.6% 提高到 2019 年的 83.4%。

7月 / July

16 字节跳动高级副总裁、教育业务负责人陈林，面向教育团队做了一场题为《zero toone》的全员分享。在这次分享中，陈林提到，字节跳动做教育的使命是"创新教育，成就每一个人"；字节跳动做教育的最大优势不是流量、产品和技术，而是我们的战略决心和组织文化；未来三年，教育业务持续大力度投入，不考虑盈利。

成都市教育局印发的《关于优化文化教育类培训机构审批服务工作的通知》称，培训机构跨区增设教学点，对符合下列情形之一的，实施"教学点免登记"服务：1. 本市培训机构在同一区（县）域内增设的教学点；2. 本市营利性连锁培训机构跨区（县）域增设的教学点。新增教学点免予民办非企业单位登记或企业登记注册（备案），由教学点所在地的区（市）县教育主管部门和总校（公司）所在地的区（市）县教育主管部门共同监管。

19 约读书房宣布完成战略融资，投资方为掌阅科技。据企查查显示，约读书房成立于2016年，总部位于山东济南，是一家专注于7~14岁青少年课外阅读的文化教育机构，旗下产品包含约读书房、约读双师、约读网校、知识付费、约读游学等。截至2020年1月，约读书房已经遍及20多个省248个城市，拥有近千人的教师队伍，服务5万余名的阅读学员。

20 教育部办公厅印发《关于进一步加强面向中小学生的全国性竞赛活动管理工作的通知》称，从 2019 年开始审核并公布竞赛名单，严控竞赛数量，切实减轻因竞赛过多过滥给学生带来的负担，取得了积极成效。近期个别竞赛组织过程中暴露出一些问题，如评审不严格、涉嫌家长代劳等，造成了不良影响。为坚持素质教育导向，切实维护教育公平，要进一步规范竞赛管理工作。

22 科大讯飞发布了新一代讯飞智能学习机：讯飞智能学习机 X2 Pro 与讯飞智能学习机 Z1。据介绍，讯飞智能学习机 X2 Pro 配有 A.I. 作答笔及 A.I. 指学镜（在配套纸质教材点击，学习机将自动识别）、支架配件，适合小学至高中的 K12 完整学习阶段，售价为 4299 元。如果孩子已经进入初高中学习阶段，则可以选择售价 3999 元的讯飞智能学习机 Z1。在产品发布会上，讯飞智能学习机还发起了一项"亿元奖学金计划"，对连续学习打卡 150 天的用户返还 2099 元奖学金。

23 贝尔科教推出智能硬件产品 Tebot 套装。Tebot 为 Thunbot 系列入门级编程教育机器人，适用于 7 岁以上的学龄儿童。Tebot 套装采用一体化车架 + 无螺母结构设计，零部件安装难度较低。该机器人通过与 IDE 软件搭配，结合机器人搭建与编程教育，内容包括图形化编程 Scratch、Python、Arduino C++ 三种编程语言。Tebot 可同时烧录四个程序，可同时支持七个外接传感器，孩子无须因为不同年

7月 /July

龄、不同教学或比赛场景而进行新主控的学习。据悉，包括Tebot在内的Thunbot系列编程教育机器人为贝尔科教基于AIQ理论自主研发，具有编程、控制、遥控等功能。

24 秦汉胡同国学正式开放加盟业务，将在下沉市场谨慎建立合作分馆。其将与有志传承、弘扬优秀传统文化之士共创国学未来，更提供对合作者教育理念、原创内容、运营管理能力等多方面的培养。于此同时，秦汉胡同国学"第一届品牌项目说明会"顺利召开，全国加盟分馆数量平稳增长。

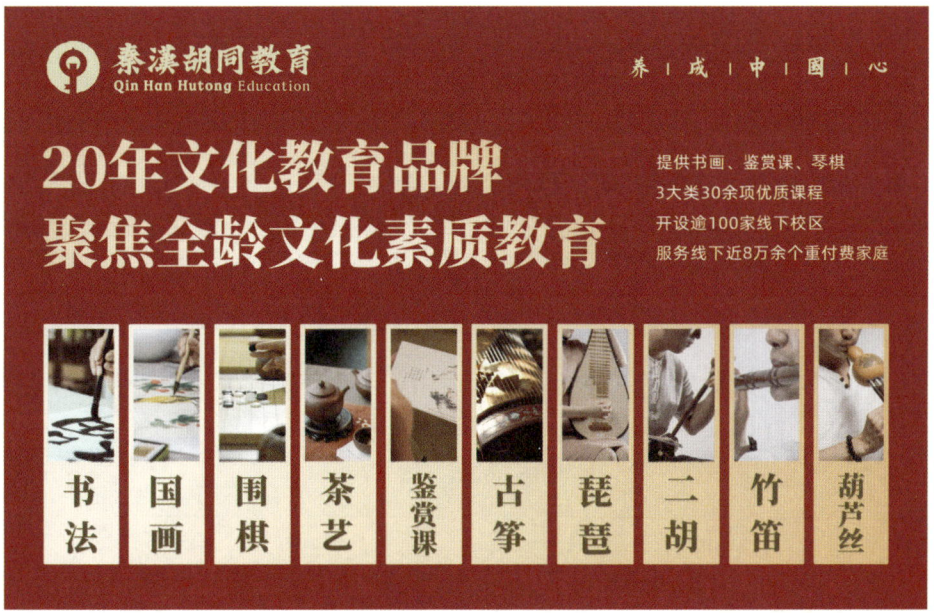

26 万达宝贝王出售旗下早教业务的消息传出。据企查查资料显示,万达宝贝王国际早教中心的总运营公司霍尔果斯万达教育科技有限公司将100%股权转让给了博思美邦(北京)教育咨询有限公司,工商变更时间为7月20日。

27 魔力耳朵宣布推出1对1新班型,并于8月1日正式上线。据介绍,1对1在线课全程25分钟,外教与孩子一对一同屏互动。此外,购买任意课时包内的1V4课时均可兑换1V1、1V2。魔力耳朵成立于2016年,并于2017年3月上线运营,在2018年7月完成其1.2亿元人民币A轮融资。此外,魔力耳朵还于近日新推出安卓版本客户端以及手机版本客户端,全面覆盖手机、iPad、电脑各种设备,及安卓、Windows、IOS、MAC各种系统,实现全设备上课。

据天眼查数据显示,在线教育公司猿辅导旗下产品小猿口算所属公司北京猿力未来科技有限公司成立全资子公司——上海猿力教育科技有限公司,注册资本为1000万元人民币,法定代表人为高媛,公司经营范围包括许可项目出版物批发;网络文化经营(仅限音乐);一般项目如从事计算机科技领域内的技术开发、技术咨询、技术服务、技术转让;计算机系统服务等。

28 掌门教育宣布推出小狸AI课。据介绍,小狸AI课主要面向3~8岁孩子,在数月前已经正式上线,目前已开设"乐学语文"和"趣玩英语"两大AI互动课堂。其中乐学语文

7月 /July

将语文学习分为阅读、古诗、表达、国学4个模块，下设23个题材进行知识点全覆盖，将启发性故事和互动游戏相结合；趣玩英语营造浸入式全英全景动画课堂，每年开设250节英语启蒙课程。

新东方公布了2020财年全年及第四季度财务业绩，2020财年全年净收入约35.79亿美元，同比增长15.6%；第四季度净收入逾7.98亿美元，同比下降5.3%；运营利润1030万美元，同比下降86.7%；归属于新东方的净利润为1320万美元，同比下降69.5%。截至2020年5月31日，学校和学习中心总数达1465家，与去年同期相比净增211家，与上季度相比净增49家。

29 北京盛通印刷股份有限公司控股子公司北京乐益博教育科技有限公司与北京广播电视台台属一级企业北京北视英特维文化传播有限公司签署了《战略合作框架协议》。据盛通股份发布的公告显示：双方决定在"青少年人工智能素质培养知识付费类"等领域开展全面合作。

30 好未来发布其截至2020年5月31日的2020财年第一季度未经审计的财务报告。报告显示，2021年Q1好未来实现净收入9.11亿美元，同比增长35.2%；实现净利润8170万美元，上一财年同期为净亏损1620万美元。与此同时，好未来旗下学生总人次（长期正价课）从上年同期的约1718190人增长到本季约2956380人，同比增长72.1%。截至5月31

日，其在90个城市共设有936个教学中心，多于截至2020年2月29日设于70个城市的871个教学中心。

英孚教育宣布将引入私募股权基金璞米资本，对英孚旗下英孚青少儿英语的瑞士总部，及中国和印尼业务进行多数股权投资。英孚将保留该业务的重要股权比例，并全力支持业务持续发展。早在2019年，路透社就曾报道英孚考虑出售部分中国区业务，作价20亿美元，私募股权公司高领资本（Hillhouse Capital）和璞米资本（Permira）向EF英孚教育（EF Education First Inc.）表示出购买意向，成为英孚出售中国业务的竞标公司。

和码编程宣布完成由皖新卓越基金（归属A股上市公司皖新传媒旗下皖新资本管理）投资的千万美元级A轮融资。据和码编程创始人莫剑斌透露，本轮融资将主要用于规模化扩展、产品精细化打造、竞争能力提升等方面。目前，和码编程团队接近600人，其中教研人员超过150人。据和码编程官方透露，目前其单月收入已经突破2000万元。其中，续费率和完课率分别超过了60%和85%。

8月/August

01 趣记忆宣布完成近4000万天使轮融资,由网龙华渔领投,顺为资本跟投。本次融资后,将围绕"打造学生人人必备的记忆神器"方面,加大教育科研技术投入,打造优质课程和学科知识记忆内容资源,用方法和科技提升学生记忆效率,让学习更高效。企查查显示,趣记忆隶属于长沙忆不容辞教育科技有限公司,成立于2018年,其创始人王峰系世界记忆比赛总冠军和《最强大脑》中国战队总队长,公司联合创始人刘苏系世界记忆总亚军,整体团队在100人左右。

05 字节跳动上线"瓜瓜龙语文",这是继"瓜瓜龙英语"和"瓜瓜龙思维"之后的第三款"瓜瓜龙"系列产品。"瓜瓜龙语文"App显示,周一到周五的课程分别为"诗文天堂、阅读乐园、表达舞台、国学剧场、瓜瓜大比拼"五大主题,每节课约15分钟,支持手机、iPad上课。据介绍,语文课程研发团队成员来自清华、北大、港中大、北师大,以及一些海外名校,专业领域遍及教育学、心理学、儿童教育、语言学、文字学等;动画儿歌由《熊出没》导演、《少林英雄》著名音乐人等带领制作。

跟谁学推出全学科平台小早启蒙,并于今年5月份已经上线。据其官网介绍,小早启蒙系专为3~8岁儿童打造的智能学习服务平台，目前已涵盖语文、数学思维、英语三大基础类学科。从其定价策略上看，数学思维和英语体验课均免费；系统课包括幼小衔接语文年课、幼小衔接数学思维年课和小早英语系统课，定价均为3580元。

由创新工场联合华为共同举办的DeeCamp2020人工智能训练营举行了总冠军答辩暨结营典礼。DeeCamp人工智能训练营是一项面向全球大学生的公益项目，专注培养应用型AI人才。自2017年暑期启动以来已举办四届，培养了上千名大学生。在过去两个月的时间里，共有200多名学生参加了DeeCamp2020人工智能训练营，并聆听了李开复、张亚勤、吴恩达、张宏江、俞敏洪、周志华等12位AI学术界、产业界大师授课。

淘宝发布了《2020中国消费者暑期兴趣学习报告》。该报告从消费窗口期、兴趣学习特征、兴趣消费科目、素质教育的主导权等方面，分析总结了今年暑假期间消费者暑期兴趣学习数据。从7月份开始，淘宝上关于"暑期教育"的搜索指数暴增。其中，有60%的家长关注"语数外"，40%的家长关注"兴趣班"。报告显示，暑假前夕淘宝用户在素质教育上的花费同比上涨50%，下单量涨幅近70%，平均花135元就可以购买一门兴趣课。

06

武汉巨人宣布已完成数千万元A+轮融资。此次融资后，计划朝三个方面努力，即以OMO为商业模式，以2+1+1为课程体系，以1+3为战略路径；扩展至100个校区，年

8月 / August

营收突破10亿,市值突破百亿;成为中西部龙头企业、全国三强,计划在2022年上市。武汉巨人成立于1998年,2018年曾完成A轮融资。目前武汉巨人拥有50家直营校,年营收超5亿元,总计培训学生超过100万人次。

立思辰发布《关于变更公司名称及证券简称暨完成工商变更公告》。公告显示,经公司申请,并深圳证券交易所核准,自2020年8月7日起,公司证券简称由立思辰更名为豆神教育,变更后的公司名称为"豆神教育科技(北京)股份有限公司",公司代码为300010不变。对于变更原因,其一即教育业务成为公司核心主要业务。

10 狮王教育在惠州成功举办了近2000人参加的世界领袖少年班。通过五天四夜的学习,学员们不但掌握了独立生活和与人相处的能力,而且学会了表达爱和懂得感恩。孩子们为了获得慈心、定心大使证书,觉察自己情绪的能力以及专注力都得到了极大的提升。

12 字节跳动又上线了两款教育产品——"学浪"和"清北小班"。企查查显示,学浪隶属于北京因材施教科技有限公司,注册资本为1000万元人民币,由北京字节奇点科技有限公司100%控股。清北小班则是由北京大力优学教育科技有限公司投资设立的在线教育品牌,注册资本为100万元人民币,同样由北京字节奇点科技有限公司100%控股。据了解,字节奇点属于字节跳动的教育业务线,且由其 100% 控股。

广东省教育厅就"取缔校外学科类培训班"这一提案进行了回复，表示省教育厅会同有关部门进行了认真研判，经慎重考虑，目前暂不具备完全取缔中小学生学科类培训班的条件。理由主要有三个方面，一是人民群众对课外培训班有着强烈需求；二是校外培训行业对民生就业意义重大；三是校外培训班对经济发展有积极贡献。

13 北京盛通印刷股份有限公司发布关于子公司签署投资框架协议的公告。据公告显示，盛通股份全资子公司北京盛通知行教育科技有限公司拟以1500万元对杭州创想童年科技连锁有限公司进行增资，在本次增资后盛通知行将持有创想童年60%的股权。创想童年成立于2009年，致力于为1~16岁的青少儿提供创新能力教育。据其官网显示，目前拥有近30家连锁中心，累计服务超过10万学员。

达内科技（TEDU）公布了2020财年上半年财报。据报告显示，2020年财年上半年达内科技净营收为6.27亿元，较2019年同期的8.83亿元下降29%；净亏损为6.13亿元，与去年同期的6.25亿元净亏损基本持平。值得注意的是，截至6月30日，达内科技递延收入达19.88亿元，相较2019年底的15.86亿元，上半年增长25.3%。达内科技将其原因归结于少儿编程业务"童程童美"的稳步增长。

8月 / August

14

深圳证监局公示,深圳市优学天下教育发展股份有限公司拟首次公开发行股票并在境内证券交易所上市,现已接受国金证券股份有限公司的辅导,并于2020年7月7日在深圳证监局进行了辅导备案。深圳市优学天下教育发展股份有限公司旗下品牌为"优学派",产品包括点读机、电话手表、平板电脑。其主打产品是学生平板电脑,采用软硬结合的形式,将课程内容、资料包装进平板电脑中,九门学科同步学。

瑞思学科英语(NASDAQ: REDU)公布了截至2020年6月30日的第二季度未经审计财务报告。财报数据显示,2020年第二季度,瑞思营业收入为1.65亿元,同比下跌55.05%,环比增长51.4%,主要收入来自瑞思线下课程实现近90%的线上复课率,并依托OMO平台化战略逐步完善线上、线下融合的完整教学及服务能力。

17

依靠大型IP巧虎成立的"巧虎KIDS"早教中心近日陷入闭店风波。日前,位于北京市丰台区角门东银泰百货商场内的"巧虎KIDS"早教机构突然宣布破产,而相关负责人已经失联,目前统计共有400多名学生家长遭受损失,总金额达到数百万元。

伴鱼宣布完成1.2亿美元C轮融资。本轮资金将主要用于继续深耕少儿英语和扩展多学科,通过创新打造更多满足用户需求的产品形态,持续基于大数据的智能系统来优化增长转换和教学服务,致力于通过AI+Social的方式实现更好的学习效果。

18 VIPKID联合创始人张月佳对外宣布，公司今年UE（UnitEconomicmodel，即单位经济模型）连续两个季度为正，单位运营利润扭亏为盈，90%渠道首单实现盈利，自2019年下半年至今，其获客成本同比降低45%，90%的获客首单实现盈利。同时VIPKID还在产品矩阵上再一次进行了扩充，推出AI启蒙和数学思维两款教育产品。

编玩边学举行新品发布会，推出基于3D沙盒（Sandbox）游戏的教育平台《玩学世界》，主打"语数外"等K12学科的游戏化教育。据编玩边学提供的资料显示，目前《玩学世界》已上线了Anroid版与PC版，ios版本也将于不久后上线，可以实现跨平台多人联机。编玩边学创始人、CEO郝祥林表示，该产品对标的是国外知名的沙盒游戏平台微软Minecraft教育版。

21 字节跳动宣布收购数理思维产品"你拍一"。收购后，字节跳动将为"你拍一"提供技术、品牌、流量及资金赋能，"你拍一"则将继续作为独立品牌存在，保持独立运营。据企查查显示，"你拍一"隶属于北京天赋通教育科技有限公司，创立于2018年，主要面向3~12岁孩子提供在线小班直播形式的数理思维课程。在班型上，"你拍一"以小班直播互动和名师大班串讲相结合，课程时长采取每周两次课，一次一小时，即两节课连上，用户集中在3~12岁；而由字节跳动推出的"瓜瓜龙思维"，主要为AI录播课的形式，用户集中在2~6岁；因此不论在年龄还是班型上，二者都可以形成协同互补。

8月 /August

24 易贝乐少儿英语宣布与爱因斯坦思维科学馆达成战略合作，就全国400余家校区共同开展英语、思维和科学跨学科融合教育达成深度合作。双方将在多品牌发展及运营、OMO业务模式、校区扩科及合作招生、北美外教及师资培训等多领域开展深度合作。易贝乐少儿英语专注于非英语母语（EFL）国家少儿英语启蒙教育，目前，已在全国120余座城市建立400余家校区。

26 火花思维在产品升级暨英语新科目发布会上，正式对外宣布完成E1轮1.5亿美元融资。本轮融资由KKR领投，现有股东GGV纪源资本、金沙江创投、龙湖资本、红杉资本中国基金、IDG资本跟投。从2017年12月项目成立至今，火花思维已完成六轮融资，累计融资额为3.4亿美元。发布会上，火花思维还正式对外发布了其英语产品和"小火花AI课"。据火花思维官方介绍，火花的英语团队由杜伦大学教育学博士范惠萍领衔，目前已推出AI英语课S1（3~5岁）的课程。小火花AI-英语课每个年级分为4个阶段，每个阶段又分为6个单元，每单元10节课。

米谋科技旗下教育品牌迷鹿音乐宣布获得峰瑞资本独家数千万元A+轮投资。迷鹿少儿钢琴产品主打钢琴在线学习，目前销售的课程价格为998元的36节基础课程。产品以"人机交互"的游戏化课程模式为特色，通过AI音频交互技术来识别用户弹奏声音反馈练习成果，用分段、变速、读谱、节拍器等多种方式来协助用户训练。

凯叔讲故事团队推出新产品"凯叔语文课"，主要面向3~7岁孩子，课程形式为动画AI视频课，包含动画和AI互动。课程体系分为3~5岁的启蒙阅读课，以及5~7岁的幼小衔接课，题材包括无字书阅读、成语识字、写字启蒙、阅读理解训练、学习习惯培养。凯叔讲故事由前中央电视台主持人、影视角色配音名家凯叔创立于2014年。公开数据显示，"凯叔讲故事"累计播出1.9万个故事，仅"凯叔讲故事"App总播放量就达到60亿次以上，用户超4000万。

27 上海托育品牌"好姑姑托育"宣布已于获得亿元投资，投资方为卓越集团。本轮融资金额将主要用于市场拓展、师资培训等方面。好姑姑以线下社区型托育园为主，为1~3岁宝宝提供全日托服务。2017年11月，好姑姑正式挂牌上线双创板（核定代码：E01138），据了解这也是首个挂牌双创板的0~3岁幼托服务企业。截至2020年8月，好姑姑直营托育园数量（含已开业及预开业）近50家。好姑姑旗下各品牌托育园已开设如高端品牌YeeYaa、芸沁，定位中高端的萌萌鹿，定位中端的好姑姑等。

流利说发布截至2020年6月30日未经审计财务报告。财报数据显示，流利说2020年Q2营收为2.69亿元，环比增长18.0%，同比减少2.5%；净亏损为9250万元，上一季度的净亏损为1.97亿元，去年同期为8780万元。2020年Q2，流利说大付费用户约50万，上一季度为90万，去年同期也为90万。截至2020年6月30日，流利说累计注册用户总数为1.856亿，而截至2020年3月31日，累计

8月 / August

注册用户总数为1.797亿,截至2019年6月30日,累计注册用户为1.388亿。流利说预计,2020年第三季度净营收将达到人民币2.3亿元至人民币2.5亿元,与上年同期的人民币2.621亿元相比下降约4.6%到12.2%。

28　贝乐英语在"聚势·未来"品牌新闻发布会上发布全新研发的课程体系及全新3.0版本的品牌VI设计。截至2020年,贝乐英语已在全国14个城市建立71家分校中心,服务了7.1万余个家庭。

杭州老鹰教育科技股份有限公司创业板IPO获得深交所受理并正式审核。目前,在国内A股市场上以教育为主业的上市公司约有八家,大部分是通过并购或借壳的方式完成上市。老鹰教育是直接以营利性民办教育机构在创业板申请注册的公司,有望成为A股第一单通过IPO上市的教育行业企业。杭州老鹰教育2008年成立,主要业务是针对美术艺考学员提供素描、色彩、速写以及设计等课程,2019年营收2.87亿元、净利润8023万元、拥有七家校区的大机构。

29　盛通股份发布了2020年上半年业绩。报告期内,盛通股份的营收为8.24亿元,较上年同期8.73亿元降5.57%;实现净利润4748.15万元,同比下降126.61%。其中,2020年上半年教育培训业务实现营收6186.29万元,乐博乐博的营收为5488.26万元。对于2020年1—9月经营业绩,盛通股份在财报中预测净利润为2000万~3000万元,较上年同期的 7864.7 万元或下降 62% 至 75%。

30 马云走进云谷学校，给家长上了开学的第一课。他说："一般开学第一课给孩子上，我认为我们应该给家长上。因为在中国，孩子 18 岁之前，决定孩子命运、决定孩子学习的是家长。"他称，如果家长不过关，孩子一定不过关，所以想分享、探讨、交流对教育的看法，一起来探讨孩子们未来的成长之路。

31 上市公司绿景控股股份有限公司发布公告称，拟以发行股份及支付现金的方式向王晓兵等 33 名交易对方购买其合计持有的佳一教育 100% 股份。其中，绿景控股以发行股份的方式支付交易对价的 73.63%，以现金的方式支付交易对价的 26.37%。交易完成后，佳一教育将成为上市公司全资子公司。根据中天和评估出具的中天和 [2020] 评字第 90055 号《资产评估报告》，截至评估基准日 2020 年 3 月 31 日，佳一教育 100% 股权的评估值为 12.172 亿元。基于上述评估值，经交易各方协商确定，本次交易标的佳一教育 100% 股权的交易作价为 12.17 亿元。

9月 / September

01 淘宝教育发布《暑期在线教育创新势力榜》，备受关注的K12机构（小学一年级至高中三年级教育）在淘宝售出的课程整体增长超过300%。其中，K12学科辅导暑期成交TOP5为猿辅导、学而思网校、作业帮直播课、易提分和有道教育；K12语言培训暑期成交TOP5为叽里呱啦、斑马AI课、瑞思英语、英语同桌和VIPKID；而K12素质教育暑期成交TOP5为河小象、VIP陪练、编程猫、豌豆思维和童程童美。榜单显示，在线教育品牌暑期成交top10的前三依次为流利说、东奥会计在线、对啊网；在线教育独角兽猿辅导则位列"K12学科辅导"暑期成交机构头名，在淘宝教育斩获430%的增幅，其次是学而思网校、作业帮直播课、易提分、有道教育。

02 在K12在线教育服务与评价标准研讨会上，猿辅导、作业帮、51Talk、掌门教育、网易有道精品课等七家在线教育企业共同签署了《K12在线教育行业自律公约》。公约从在线教育企业备案、课程设置、师资、广告宣传、公示收费、退费办法、格式合同、个人信息保护等方面进行约定，旨在对K12在线教育行业规范发展起到推动作用。《K12在线教育服务与评价》团体标准的制定工作也在当天同步启动，团体标准起草小组由多位知名法律、教育专家，以及来自

51Talk、网易有道精品课、猿辅老师导、作业帮、掌门教育、学霸君、巨量引擎等七家参会企业代表共同组成。

玩创 Lab 宣布完成由香港 HeritageWisdom Limited 和 Happiness Capital 追投的数千万元人民币 A＋轮融资，本轮融资将主要用于 AI 产品研发、国内市场推广及海外市场拓展等。玩创 Lab 创立于 2015 年 9 月，作为国内 STEAM 教育赛道的代表性品牌，以原汁原味的硅谷 STEAM 教育对接美国《下一代科学教育标准》（NGSS），覆盖中国《义务教育小学科学课程标准》，兼容中国《义务教育数学课程标准》，致力于为 5~12 岁儿童提供生动有趣、实用、学科融合的科学教育。

03 网校有道旗下 K12 网校有道精品课联合清华积极心理彭凯平教授团队正式发布中国青少版《幸福课》，该课程包含面向 3~9 岁孩子、主打 AI 互动体验的《少儿幸福课》以及疏解中学生学习压力的有声课《有道幸福课·听我说》，旨在为中国青少年打造一款系统化、有实效的心理素养课。

05 北京渔塘软件科技有限公司负责人被市教委、市委网信办、市场监督管理局联合约谈。此次被约谈原因在于北京渔塘软件科技有限公司旗下产品大塘小鱼 App 以课程"笃局"，打卡返"笃金"（现金）等方式开展营销活动，诱导家长购买课程，但活动开始后，公司未征得家长同意强制关停账号，引发大量投诉，造成不良影响。北京渔塘软件科技有

9月 / September

限公司成立于2015年，是一个亲子阅读专业推广品牌，致力于通过音频、视频、动画等形式的展示，制作一款家庭轻学习产品。

07 教育部发布关于《中华人民共和国学前教育法草案（征求意见稿）》公开征求意见的公告。公告称，为了保障适龄儿童接受学前教育的权利，促进学前教育事业普及普惠安全优质发展，规范学前教育实施，提高全民素质，根据宪法和教育法，制定本法，本法所称学前教育是指由幼儿园等学前教育机构对三周岁到入小学前的学前儿童实施的保育和教育。此外，公告明确，幼儿园不得教授小学阶段的教育内容，不得开展违背学前儿童身心发展规律的活动；不得违反国家规定收取费用，不得向学前儿童及其家长组织征订教科书和教辅材料，推销或者变相推销商品、服务等；校外培训机构等其他教育机构不得对学前儿童开展半日制或者全日制培训，不得实施前款规定的行为。

09 洪恩教育正式向美国证监会提交IPO文件，拟于纽交所上市，股票代码为"IH"。承销商包括瑞士信贷、花旗集团等。此次IPO发行价区间和发行股份数都尚未确定，融资金额亦暂未确定，1亿美元仅为例行披露的占位符。洪恩教育成立于1996年，主要为3~8岁儿童提供多样化的创新教育产品和服务，旗下除点读笔和故事机等教育硬件外，还覆盖洪恩识字、洪恩语文、洪恩英语、洪恩数学、STEM、国学、双语绘本等。其创始人池宇峰亦是A股上市公司完美世界的创始人。目前,池宇峰仍在完美世界持股7.69%;此次洪恩教育IPO前,池宇峰持股比例为63.6%。

10　上海市普陀区召开文化教育类培训机构预付费监管试点工作启动会。目前,首批共四家文化教育类校外培训机构纳入预付费监管机制,包括上海芊菁培训学校有限公司、上海优百培训学校有限公司、上海颖竹培训学校有限公司、上海智北培训学校有限公司,四个教培机构已完成了专用账户开立、监管平台数据接入等前期准备工作。将来,消费者只需通过扫一扫机构二维码,输入会员卡,便可了解自己的学费是否被有效监管,了解自己的课时使用情况。遇到问题,可向教育主管部门反馈。

11　淘宝教育发布"双11招生计划",拟为教育机构再造一个"暑期档",从今年3月起,淘宝教育新课上线120万节,用户增长200%,每个月都有超1000家教育机构来平台开课办学。而在需求淡季时,淘宝教育也呈现出淡季不淡的现象,数据显示,9月第一周教育相关商品的热度相比暑期高峰仍保持10%以上的额周环比增长。淘宝教育运营负责人叶挺介绍:"天猫'双11'将成为下半年教育机构的最大增长机会。为了加快教育机构在线化的过程,淘宝大学将对教育类商家'开小灶',从运营、直播、营销等方面将电商的独孤九剑赋能教育机构。"叶挺强调,"这是未来三年里,帮1000家教育机构每家找到10万新生的第一个关键阶段。"

9月 / September

12 有青岛市家长通过青岛政务网政府信箱反映,一些民办培训机构存在预收费时间跨度长、退费难、暗自关门跑路等问题,导致家长损失严重。对此,青岛市教育局民办教育处公开回复表示,下一步要让更多的家长和学员知晓校外培训机构不得一次性收取时间跨度超过3个月的费用的政策,规范培训市场行为,并于年底开通青岛市民办教育信息管理平台和财务监管平台,方便市民获悉机构年检合格名单、违法办学名单、资金监管名单等。

在2020腾讯全球数字生态大会的教育专场上,腾讯开心鼠校园版发布开心成长计划,助力幼教行业生态合作发展。官方数据显示,腾讯开心鼠在全国已有40+合作伙伴,包括大地、伟才等头部幼儿园连锁集团,以及拥有广泛覆盖的幼教服务公司。截至2020年9月,开心鼠已进入2000+幼儿园,覆盖10+省、100+城市,服务20万+学生。腾讯开心鼠主要面向3~8岁儿童,校园版于2019年上线,并在2020年5月正式由"腾讯ABCmouse"更名为"腾讯开心鼠"。

16 伴鱼宣布旗下"伴鱼绘本"付费用户已超100万,较其六个月前的50万付费用户实现翻倍。伴鱼相关负责人介绍,此次付费用户的高速增长与团队敢于制定高目标相关,也与公司不设边界、持续迭代的理念相契合。伴鱼创始人黄河曾表示,未来五年,伴鱼除继续深耕少儿英语赛道外,还将扩展多学科,如数学和语言。目前,伴鱼绘本也正在进行一系列升级,主要集中在内容更新和定级测试两方面。

上海市政府新闻办举行市政府新闻发布会《上海市托育服务三年行动计划（2020—2022年）》。上海市副市长陈群介绍计划时重点提及：上海市将大力推进普惠性托育点建设，2017年起，上海市连续多年把普惠性托育点建设纳入市政府实事项目，每年新增50个普惠性托育点。未来三年，上海市将继续开展每年新增至少50个普惠性托育点的实事项目，并在此基础上，鼓励各区政府、各街镇通过提供场地、减免租金等政府补贴措施，支持社区、企事业单位、园区、商务楼宇等开设公益普惠托育点，力争到今年年底，实现中心城区"一街镇一普惠"工作目标，到2022年底，实现全市街镇普惠性托育点覆盖率不低于85%的目标。

爱贝教育举行2020年"MY DREAM MY ABIE"新品发布会，发布英文课程Life Talk Plus、STEM教学平台"爱贝迪尤里卡课堂"，以及提供定制化活动营销解决方案的"爱贝爱客宝"；并宣布未来期冀打造多品牌、多项目、多课程的一站式教育综合体。爱贝英语已覆盖全国约30个省，在130多座城市开设了约450家分中心，服务学员超过25万人次。

18

阅神AI宣布完成近千万元天使+轮融资。该轮融资由上海乐言科技领投，方信资本、取势成长基金跟投。本轮融资将主要用于技术平台升级和渠道体系搭建。阅神AI由立思辰集团参股投资，正在加快融资以及解决学员复课问题，是面向B端K12语文培训机构，提供语文学科教育的科技赋能平台，并为6~18岁中小学生提供优质的语文教育服

9月 / September

务,主要体现在课堂智能授课、教师智能备课、学生个性化作业、作文智能批改、语文能力测评等人工智能技术应用产品的研发和服务方面。阅神AI创始人兼CEO雷思东表示,目前公司产品已经进入内蒙古自治区、河北省、山西省、山东省、安徽省、江苏省、山西省、河南省、福建省等十余个省区市下沉市场。

一站式视频技术服务商百家云宣布完成1.78亿元B轮融资,本轮融资由金浦投资领投,青蓝资本、国科嘉和、厚德前海跟投。百家云成立于2017年,主要为教育机构提供一站式视频SaaS服务,产品包括大小班直播课、云点播、双师课堂、网校、企业直播、企业内训、视频会议等,合作的教育企业已达数千家,包括华图教育、朴新教育、学大教育和精锐教育,服务用户量超过2亿人次。

2020云栖大会数智互联网峰会于北京举行。会上,好未来集团CTO田密、阿里巴巴集团副总裁钟天华宣布,好未来与阿里云达成战略合作,将持续深化双方在云计算、数据技术方面的生态协同,阿里云也正式成为智慧教育国家新一代人工智能开放创新平台的生态伙伴。未来,双方将依托智慧教育国家新一代人工智能开放创新平台,发挥各自优势,持续加大云资源投入,并在人工智能、大数据、直播、网络安全等领域展开合作,共同推动教育产业新基础设施建设,促进教育信息化从IT(信息技术)向DT(数据技术)转型。

腾讯官宣QQ推出青少年模式。腾讯方面表示,推出这一模式是想给用户更简洁的社交体验、更纯粹的学习氛围。不仅需要最大程度上减少信息干扰，提升学习效率；还要降低用户遭遇网络欺诈等风险。具有的功能包括聊天显示拼音；自动屏蔽无效搜索信息，只能搜到现有联系人及聊天记录；QQ看点仅推送学习内容；"动态"页只有自习室、企鹅辅导、腾讯课堂等八个功能；设置"短信验证锁"，增强家长对青少年模式的管控能力。

22 少儿英语教育头部品牌"伴鱼"继8月17日宣布完成1.2亿美元C轮融资后，仅一个月再次宣布完成由GGV纪源资本和BAI贝塔斯曼亚洲投资基金联合投资的数千万美元新一轮融资，本轮融资由穆棉资本继续担任独家财务顾问。在专注少儿英语的三年时间里，伴鱼持续快速发展，打造了基于绘本，外教1v1，AI课，精读小班课的产品矩阵，实现累计用户突破4000万，付费用户突破160万，在线欧美外教1对1获客成本近乎为零。此次融资后，伴鱼将在扩科战略和人才引进上着重加码。

23 西瓜创客与清华大学联合编著的《少年AI一百问》举行了新书发布会。《少年AI一百问》定位为关于人工智能的少年"百科全书"。在西瓜创客创始人肖恩看来，未来AI、大数据等科技与人的生活一定密不可分，中国青少年AI教育普及工作势在必行。

达内教育18周年成人礼暨品牌&产品升级发布会在北京

9月 / September

举行。发布会上,达内教育集团高级运营副总裁孙莹表示:"达内教育18年来持续发挥链接高校和企业的桥梁作用,为全国1167所大学提供了一站式IT人才培养方案,帮助128所大学设立IT专业院系和30家大学建设人工智能学院。"迄今,达内教育已经成为1000余所大学应用型人才培养的合作伙伴。此次发布会上,达内教育发布了课程和教学模式的全链路升级,并设立达内三大学院:IT学院、数字艺术学院和运营学院,发布对应的IP形象——程序猿、设计喵、运营汪。

24 抖音发布首份教育内容数据报告。报告显示,截至2020年6月,抖音上的教育内容累计播放量超10万亿次,累计点赞量超3092亿次,累计转发分享量超102亿次。此外,在观看人数方面,广东、河南、江苏等省份名列前茅。其中广东人位居榜首,最为"好学"。

蕃茄田艺术召开品牌升级发布会,发布全新"创造力思维系统艺术统整课程",上线基于线上线下整合的"OMO多端管理系统",并启用蕃茄田艺术全新品牌CIS。2月以来,蕃茄田向全国儿童免费开放300多集线上艺术课程,同步启动教研团队进行课程研发、互联网产品技术团队打造直播系统、运营团队联动全国700多家校区提供服务;与故宫IP合作,推出24期"Hello!我和我的故宫"线上公益课;携手涂思美育举行全国儿童艺术作品征集活动,以推动国学文化传播;联合京东京造发布艺术创作工具套装,并计划与更多国内外优秀生产商合作,持续推出以蕃茄田艺术 IP 衍生商品；与快乐柠檬合作打造教师节专属茶饮"敬师茶"，为所有购买"敬师茶"的客户免费提供"21 天亲子计划"课程。此外，蕃茄田艺术母公司精中教育打造的高端儿童艺术馆 T. Gallery 应运而生，通过绘画、装置、建筑等多种艺术呈现，最大限度为孩子还原艺术家的生活和工作环境。T. Gallery 之后将承载孩子们的艺术创作、策展及展出等。

27 阿里创新业务事业群智能营销平台在以"重燃小的梦想"为主题的 2020 乘风大会，发布了全新的营销全链路智能化产品集群——"超级汇川"。"超级汇川"旨在为特殊时期的中小企业树立信心，其整合了阿里巴巴旗下 UC 等核心产品，形成了庞大的流量生态，为企业带来多元化的线上触点及丰富的数据，可以通过搜索 + 信息流双引擎驱动，在更合适的场景，更精准地触达目标用户，解决获客难题。此外，"超级汇川"还连接了淘宝、支付宝小程序以及钉钉等，增强了运营 + 销售的后链路转化功能，能够帮助中小企业扩流量、保效果、提效率。

28 GOGOKID 在线少儿英语举办了一场主题为"与 GOGOKID 一起对话世界"的国际跨界对谈活动。活动现场，围绕"什么是好的在线英语教育""如何实现好的英语教育"等话题，GOGOKID 代言人章子怡与各位嘉宾共同探讨了当下在线英语教育的发展现状和未来可能。据透露，在过去一年中，GOGOKID 的几项重要业务指标都在不断

9月 / September

地变好，接下来字节跳动还将持续加大对 GOGOKID 业务的投入。同时，GOGOKID 还有可能与瓜瓜龙尝试联动，为用户提供直播、录播混合学的场景，而录播课的用户也有可能转化到直播课。

29 盛通教育研究院正式成立，并宣布与北京师范大学科学教育研究院达成合作。双方将共同探讨如何依托盛通教育研究院，来构建青少年科技创新成长模型、课程资源体系建设和教师专业发展等。截至目前，盛通教育集团旗下拥有员工 2000 余名、门店数量 500 余家，总的学员数量超过 10 万名。旗下涵盖教育研究院、IT 信息中心、市场中心、财务中心、投资中心，参控股子公司将作为独立业务单元由集团统一领导，集团将在战略、教研、营销、资本等多方面对各个业务单元进行有力支持。

爱学习教育集团发布 2020 年度人事任命通知：任命李川为爱学习教育集团 CEO，全面负责集团日常业务经营和管理工作。同时，爱学习教育集团创始人兼董事长须佶成发布以《一起走进教育行业最好的时代！》为题的内部信。须佶成在信中表示，他将全面投入到公司文化建设、公司法人治理结构建设、IPO 相关工作、投资人及政府关系外部环境建设的工作中去，同时将会花更多时间去向各个行业的龙头企业学习，提升企业的格局，开阔爱学习发展的视野。

10月 / October

02 百度旗下智能生活事业群组业务"小度科技"完成独立融资。本轮融资由百度资本及CPE战略领投，IDG资本跟投，投后估值约为200亿元，融资完成后，百度仍拥有对小度科技的绝对控制权。小度科技成立于2018年3月，主要负责百度对话式人工智能操作系统小度助手（DuerOS）产品与技术创新，是百度人工智能战略的重要组成部分。旗下产品小度在家是一款带屏智能音箱，儿童家庭是其主要用户。资料显示，截至2019年6月，搭载小度助手的智能设备激活数量已达到4亿台；2020年6月，小度助手在第一方设备上的月语音交互达28亿次，比去年同期增长近一倍。

04 微信宣布上线青少年模式。据微信团队官方微博消息，iOS用户更新到7.0.17最新版本，开启青少年模式后，使用微信小游戏、小程序、视频号、公众号、搜一搜等功能，会受到一些保护限制，家长也可根据情况设置允许访问的范围。微信方面表示，安卓版也即将上线。

08 阿里巴巴旗下钉钉事业部与幼教互联网企业壹点壹滴宣布达成全面框架合作。此次双方签约的目的在于，结合各自优势，如壹点壹滴在幼教领域的行业积累，钉钉在数字化领域的技术积累,共同推进钉钉在幼教行业的全面应用。具体合作范围包括:双方共同探索和推进数字化技术在学前教育领域的具体应用,携手幼儿园,因材施教;双方共同打造和推进针对幼教行业的创新商业模式,为普及、普惠、安全、优质的学前教育公共服务体系做出贡献;双方共同打造一批标杆数字化幼儿园。

博实乐宣布已与营地教育机构乐体营地达成战略合作,拟收购其60%的股权,计划于2020年11月完成交易。乐体营地自2017年成立,已服务学员近10万人;除自建营地外还拥有多家合作营地和500多家渠道合作商,是江西省较为头部的营地教育机构。博实乐官方表示:"乐体营地的加入,将进一步完善博实乐集团在营地教育业务板块的布局,这有利于提升博实乐在大型游研学营地的专业运营和服务能力,同时将极大地增强乐体营地与博实乐内部原有营地教育业务板块的协同效应。"

09 洪恩教育于当日在纽约证券交易所挂牌上市,股票代码为"IH",股票发行价为12美元,上市当日股价涨幅达33%。洪恩教育表示,所融资金将用于扩大其在国内和海外的产品和服务范围,以及开发现有产品和服务、改善技术结构、营销和品牌推广等。根据招股书，洪恩教育2020年上半年实现营收1.85亿元，去年同期9176.3万元，同比增长102.13%。2020年第二季度，洪恩教育线上App产品的月活跃用户突破1000万大关，达到了1030万，总付费用户达到了140万。

10 跟谁学(GSX.US)官方发布《致跟谁学中小学学员的一封信》，宣布进行重大战略升级，将旗下所有K12业务（中小学教育业务）全部聚合到高途课堂品牌。跟谁学相关负责人介绍，本次调整的核心思路，是按照K12业务、成人业务、少儿教育业务三大板块，把原各品牌中的业务单元进行了合并同类项，最终整合成为三大产品品牌：专注K12业务的高途课堂、专注成人业务的跟谁学、专注3~8岁少儿教育的小早启蒙。三大业务品牌分别聚焦不同细分人群和市场。

11 据企查查最近发布的托育市场调研数据显示，目前我国共有1.7万家托育相关企业，2019年新注册企业3千余家，比十年前数据增长了25倍。截至9月底，今年托育相关企业注册量已达8849家，同比增长了330%。数量增长的同时，托育相关风险信息数量也迅速增加，2020年风险信息量达到235条，超过往年总和。从地区分布来看，江苏省以2400余家企业排名第一，浙江省、广东省分列二、三位。

据辽宁省教育厅网站最新公布，辽宁省教育厅对吴利薇委

10月 / October

员提出的《应对"全面二孩"政策加强我省学前教育资源建设的建议》做出了答复，重点内容如下：按照《关于全省学前教育生均公用经费基准定额的通知》要求，从2019年起，启动学前教育公用经费财政补助，生均基准定额为每生每年500元，所需资金由各级财政共同承担，其中省级财政2019年增加安排7000万元用于此项支出。截至2019年年底，全省共有幼儿园9903所，其中公办幼儿园2583所；在园幼儿91.5万人，其中公办在园幼儿32.5万人，占比35.5%；普惠性幼儿园覆盖率达到78.6%。

编程猫创始人兼CEO李天驰在"第三届中国智能教育大会"上发表了《编程教育：将孩子带到未来》的主题演讲，介绍了编程猫如何利用人工智能时代的优势，通过好工具、好课程与好老师打造编程教育"出口"与"入口"的完美路径，从而实现让下一代提前遇见未来的目的。据其透露，编程猫目前已自主研发出六款工具，覆盖幼儿至大学，共获得了537项专利、1500个作品版权、76款软件著作权，进校优势明显。截至2020年8月，编程猫已积累成为3147万用户的选择，成功入驻海内外公立学校16447所。

12 火花思维CEO罗剑在给全员内部信中宣布，公司已完成E2轮1亿美元融资，由腾讯领投，凯雷投资集团旗下基金和猿辅导跟投，光源资本担任本轮融资独家财务顾问。此前，火花思维已完成六轮融资；截至目前，火花思维已累计完成4.4亿美元融资，持续领跑在线小班课赛道。在名为《火花的快与慢》的给全员信中，罗剑透露了几个新数字——每日 8.5 万名学员上课,超过 25 万在读学生,员工 6500 多人,转介绍率 85%,以及今年 7 月升学率高达 95%。

13 秦汉胡同国学发布接收上海半部论语学员公告,表示对于近期半部论语停业事件及其给学员带来的影响深表关注,并决定向受此事件影响的上海地区半部论语学员及家长提供公益援助,为孩子提供古诗文和艺术类学科(书法、国画、围棋、古筝、小民乐、古诗文)课程。具体方案包括,第一,免费为有意愿到秦汉胡同学习的上海半部论语学员(剩余课时 ≥ 8)提供 30 课时抵扣课程;第二,如有意愿报名秦汉胡同相关课程的,最高可享受 36 课时的额外赠送。

豌豆思维 CEO 张洁发布了一封致员工信,信中透露豌豆思维未来发展的新规划。未来,豌豆思维的产品会更专业、更多元;将联合全球更顶级的教育机构,打造豌豆思维教育研究院,构建更专业、更适合孩子们的教育产品;在现有的数学学习基础上,实现让用户在这里学英语、学语文等更多学科的梦想,成为孩子一站式在线学习的平台;同时,课程构建力会更强。此外,还会加大科技赋能教育的力度和深度,综合运用人工智能、VR、AR 等各种技术,实现对用户学习路径的全程追溯,重新定义课堂,让孩子们的学习效果看得见。

六一教育正式上线及迭代了智能在线素质教育产品"咕比 AI 课",这也是六一教育继"画啦啦少儿美术""画啦啦

10月 / October

"小灯塔"两大爆款产品后上线的第三款产品。六一教育成立于2014年12月,其中,"画啦啦少儿美术"在2015年开始组建团队并于9月正式开始招生;"画啦啦小灯塔"于2018年正式上线。截至2020年4月,画啦啦注册学员超700万,付费学员超50万;小灯塔付费学员超500万,活跃用户超200万。而此次"咕比AI课"的推出,是六一教育对幼儿启蒙及下沉市场的进一步占领与开发,六一教育借此形成少儿素质教育生态闭环。

14

K12教育品牌"少年得到"宣布完成近2亿元B轮融资,由嘉御基金领投,头头是道、慕华资本跟投,现有股东华创资本、光大控股新经济基金、峰瑞资本继续追加投资,光源资本担任本轮融资独家财务顾问。少年得到于2018年4月正式上线,是一款专为5~15岁青少年提供学习服务的App,于2019年切入大语文赛道,推出"泉灵的语文课"。截至目前,"泉灵的语文课"招生人数已实现约25倍的增长;同时在"泉灵的语文课"之外又延伸有200多款音视频课程,并推出主题训练营产品。而少年得到App从上线初期的1.8万注册用户,已发展至超300万用户,实现近200倍的增长。

鲸鱼宣布,实现首单UE(经济模型)利润15%,付费学员规模同比增长220%,9月单月营收突破1.5亿。据鲸鱼官方数据显示,鲸鱼商业化运营仅十个月便实现正向现金流。2019年在整个行业寒冬之际,鲸鱼仍实现了全年经营现金流净流入,规模逆势增长五倍;在整个市场获客成本不断攀高的情况下，鲸鱼保持了2000元上下的获客成本，约为行业的四到五分之一，到期续费率始终保持在80%左右，新增学员中来自转介绍的比例高达70%。

网易有道宣布将其2016年推出的教育工作室孵化项目"同道计划"升级，在原同道计划基础上，将合作范围、开放程度全面放宽，以更加开放的心态和诚意寻求与教育行业人士合作共赢。据悉，网易有道此次将合作内容从原来以课程/老师合作为主升级为涵盖课程/老师合作、商务合作、公益合作、投资收购、新师招聘五大方面，并将合作平台拓宽至有道旗下全线产品，包括有道精品课、网易云课堂、中国大学MOOC、有道智云等多平台。

15 中共中央办公厅、国务院办公厅印发《关于全面加强和改进新时代学校体育工作的意见》和《关于全面加强和改进新时代学校美育工作的意见》。2022年，计划配齐配强体育教师，开齐开足体育课，办学条件全面改善，学校体育工作制度机制更加健全，教学、训练、竞赛体系普遍建立，教育教学质量全面提高，育人成效显著增强，学生身体素质和综合素养明显提升。到2035年，多样化、现代化、高质量的学校体育体系基本形成。到2022年，学校美育取得突破性进展，美育课程全面开齐开足，教育教学改革成效显著，资源配置不断优化，评价体系逐步健全，管理机制更加完善，育人成效显著增强，学生审美和人文素养明显提升。到2035年，基本形成全覆盖、多样化、高质量的具有中国特色的现代化学校美育体系。

10月 / October

16

教育部体育卫生与艺术教育司司长王登峰在教育部新闻发布会上介绍，学校的体育中考要不断总结经验，逐年增加分值，要达到跟语数外同分值的水平。云南省已经做到了从今年开始体育中考与语数外一样都是100分。体育课和语文、数学、外语课一样，体育课上教会了健康知识，教会了基本运动技能，教会了专项运动技能，不练习是掌握不了的。语文要布置作业，将来体育课也必须布置作业。现在要把文化课的作业减下来，但是体育课作业必须加上去，这样才能够确保我们的学生掌握运动的技能。

20

海亮教育公布自2019年6月30日至2020年6月30日的2020财年年报。财报数据显示，2020财年营业收入为14.826亿元，同比下降1.1%；归属公司股东净利润超预期提升至人民币3.708亿元，同比增长26.4%。据官网介绍，海亮教育始建于1995年，并于2015年在纳斯达克上市。海亮教育办学涵盖早教、幼儿园、小学、初中、高中、国际教育、艺术教育、特殊教育、教育培训，具有25年办学历史，18年国际教育办学经验。截至2020年6月30日，海亮教育的办学网络扩展至37所学校，其中9所为自主举办学校，28所为运营管理学校。截至2020年10月14日提交20-F年度报告之日，另有4所新的自主举办的学校，分别是于2020年9月开始运营的兰州海亮实验学校、芜湖海亮实验学校、海亮华侨学校和于2020年9月收购的金华海亮外国语学校。

21 教育部、国家文物局联合印发《关于利用博物馆资源开展中小学教育教学的意见》，对中小学利用博物馆资源开展教育教学提出明确指导意见：鼓励小学在下午3点半课后时间开设校内博物馆系列课程；利用现代信息技术建立本区域网上博物馆资源平台和博物馆青少年教育资源库；推进馆校合作共建等。《意见》着力推动博物馆教育资源开发应用，强调要精心设计博物馆教育内容，经常性组织开展参与面广、实践性强的展示教育活动；要开发博物馆系列活动课程，结合中小学生认知规律和学校教育教学需要，充分挖掘博物馆资源，研究开发自然类、历史类、科技类等系列活动课程；要加强博物馆网络教育资源建设，利用现代信息技术建立本区域网上博物馆资源平台和博物馆青少年教育资源库，促进与中小学网络教育资源对接。

新东方小学全科教育与喜马拉雅正式达成战略合作。据介绍，双方将发挥各自在行业领域的领先优势，共同致力于推动教育产品与移动多媒体平台的融合。双方的合作内容主要集中于幼儿启蒙、人文素养、语言文化、学科通识教育等领域。"温故知新综合素养课""东东博物记""名著趣讲"等新东方小学的明星线上课程将登陆喜马拉雅，向所有用户免费开放。同时，双方将根据线上平台的用户习惯，为小学生量身定制兼具趣味性与知识性的高品质音频内容。

百家云宣布在2020年三季度完成1.78亿元B轮融资的基础上，又于近期完成了9300万的B+轮融资。本轮融资由达晨财智领投，老股东金浦投资、邦盛资本、青蓝资本跟投。百家云创始人兼CEO李钢江表示，完成这两轮融资

10月 / October

后，百家云将扩大销售网络、加大研发投入，尤其是在视频技术和人工智能等领域将加大人才的招聘。同时，百家云将继续坚持多元化经营战略，通过自主创新和兼并收购等方式，扩大产品边界，保持企业规模快速增长。

小鹅通宣布，完成由腾讯投资的数亿元C轮融资。本轮融资资金主要用于持续加大产品和核心技术的研发投入，进一步完善服务体系建设等。小鹅通成立于2016年年底，主要业务是为知识付费、教育机构提供技术服务，为他们提供集营销获客、效率提升、商业变现为闭环的一整套互联网解决方案，并搭建自有的在线授课平台，从工具、流量、人才等多方面赋能。目前，小鹅通的产品矩阵覆盖知识付费SaaS、新教育SaaS、企业内训、PaaS云服务、内容流量分发服务、商家学院、会务系统等，并针对不同的场景与行业，提供软件产品、分发和咨询等服务。截至2020年10月16日，小鹅通已服务超130万的商家。

22

"凯叔讲故事"在上海CLE中国授权展召开发布会。"凯叔讲故事"高级副总裁王朝阳在会上宣布，凯叔家首部由原创音频IP改编的动画片《神奇图书馆》将在2021年暑期在腾讯视频独家上线，陆续会在超过70家电视台联合播出。据介绍，该科普动画片由"凯叔讲故事"携手企鹅影视联合打造，希望带领孩子在快乐、趣味的观看过程中探寻科学奥秘，从多元化的角度思考问题，学会与自然和谐共处，传递爱与和平的普适价值观。

猿辅导宣布已完成G1和G2轮共计22亿美元融资。其中G1轮由腾讯公司领投,高瓴资本、博裕资本和IDG资本等跟投;G2轮由DST Global领投,中信产业基金、新加坡政府投资公司(GIC)、淡马锡、挚信资本、德弘资本(DCP)、Ocean Link、景林投资、丹合资本等基金参与了本轮融资。融资完成后,猿辅导在线教育公司的估值达到155亿美元,在全球教育科技独角兽公司中排名首位。猿辅导在线教育创立于2012年,截至目前,公司旗下拥有猿辅导网课、斑马AI课、猿题库、小猿搜题和小猿口算等多款智能学习产品。其中"猿辅导"和"斑马AI课"两大网课平台,当前正价在读学生人次共计370万左右,是目前国内网课用户规模最大的在线教育公司。

国际中文教育公司赛酷雅近日获得网易有道(美股:DAO)战略投资,投资金额未披露。据了解,此次投资主要是为了推动双方在各自业务布局层面的合作,在各自优势领域的互补和联动。赛酷雅是一家对全球推行国际中文教育的初创型公司。据了解,2020年5月,公司旗下锦灵中文基本完成海外布局,以东南亚、中东、东欧为核心业务已覆盖80多个国家,近300个学校、机构及教育集团。在国内业务方面,赛酷雅旗下国内教育品牌锦灵学堂整合教研优势,输出了两大业务板块,以锦灵学堂为品牌的幼儿文化素养启蒙课程,以及致力于传统文化的K12素质课程。

23

翼鸥教育宣布收购郑州玫蓝网络科技有限公司旗下产品,并命名为schooin社区版。收购完成后,翼鸥教育邀请核

10月 / October

心团队成员加入，归属于旗下 schooin 业务线，未来将继续在郑州发展。玫蓝网络开发的是一款集教务管理、营销管理、在线学习于一体的平台式 SaaS 系统。schooin 社区版支持有分班分层教学需求的教培机构将线上、线下、课上、课下全方位贯穿，同时面向机构、学生、老师等多角色进行一体化智能化管理，旨在帮助教育机构提高经营管理效率、实现快速规模化成长。此次收购的 schooin 社区版将与 schooin 业务线原有产品 schooin X 全面整合发展，满足机构进行 OMO 教学管理的需求。

杭州市教育局发布了一份最新文件《关于加强校外培训机构资金监管的通知》，对于校外培训机构的培训费资金专户需报教育局备案做出明确指示。文件提到，当校外培训机构专户中最低余额或当日（一周）累计提取资金出现下列情况之一的，相关银行应及时向教育主管部门发出风险预警通报。文件涉及六个相关部门，出台文件的目的是为依法规范杭州市校外培训机构办学行为，切实维护校外培训机构和学员的合法权益，减轻学员过重的课外负担和家庭经济负担，有效防范校外培训机构卷款跑路等违法事件发生。

好未来公布其截至 2020 年 8 月 31 日的 2020 财年第二季度未经审计的财务业绩报告。财报数据显示，Q2 营收为 11.033 亿美元，去年同期为 9.132 亿美元，同比增长 20.8%；归属于好未来的净利润为 1500 万美元，上年同期归属于好未来的净亏损为 2350 万美元；归属于好未来的非美国会计准则净利润（不考虑股权激励费用）为 5230 万美元，上年同期归属于好未来的非美国会计准则净利润为

530万美元。截至2020年8月31日，现金、现金等价物和短期投资合计余额为27.869亿美元，截至2020年2月29日的余额为22.193亿美元。

24 24—25日，为期两天的"2020天使大秀"在中国·成都当代影像馆精彩上演，也在掌声中完美落幕。2020天使大秀汇集了知名奢侈品牌BURBERRY、酷炸不弃童心的JOKii、重工定制的高端礼服JUN君设计、全球精品品牌之一GUCCI、新锐品牌DEERMODE笛牧童装、高奢定制童装JOY&JOA六大知名品牌呈现全新的童装系列。值得注意的是，2021第十二届天使杯少儿模特大赛&2021天

艺鑫文化联合创始人、艺鑫文化执行董事兼总裁　李伦坤

10月 / October

使大秀项目启动仪式同时在此隆重举行。

26 为积极防控儿童青少年超重肥胖，国家卫健委联合教育部等六部门印发《儿童青少年肥胖防控实施方案》。《方案》提出防控目标，以2002—2017年超重率和肥胖率年均增幅为基线，2020—2030年，全国0~18岁儿童青少年超重率和肥胖率年均增幅要在基线基础上下降70%，为实现儿童青少年超重肥胖零增长奠定基础。《方案》还根据各地儿童青少年超重肥胖率现状，将全国各省(区、市)划分为高、中、低三个流行水平地区。2020—2030年，高流行地区（12个）儿童青少年超重率和肥胖率年均增幅在基线基础上下降80%，中流行地区（11个）下降70%；低流行地区（8个）下降60%。

27 四季教育发布截至2020年8月31日的2020财年第二季度未经审计的财务业绩。报告期内，四季教育实现营收8380万元，去年同期为1.29亿元；净利润为400万元，去年同期为2030万元。此外，财报显示，截至2020年8月31日，四季教育学习中心数量为50个，而截至2019年8月31日为54个。学生总数为37085人次，而去年同期为39357人次。对于2020财年第三季度，四季教育预计将实现营收6210万~6720万元之间。

美术宝推出"美术宝写字"。这是继"小熊美术AI课"后的又一全新产品，同时意味着，美术宝在继续深耕美术领域的同时，进行了横向的拓科延展，并且将第一目标聚焦在"写字"领域。据介绍，"美术宝写字"主要为5~12岁孩子提供在线硬笔书法课，满足幼小衔接到小学阶段的需求。课程级别划分为基础课程和高阶课程，前者适合幼小衔接和1~2年级学生，学习内容包括初步感受汉字的形体美，学习正确的坐姿及握笔姿势，培养良好的书写习惯；后者适合3~6年级，学习内容为提高汉字鉴赏能力，独立分析字形及间架结构，熟练掌握合体字书写技巧。

29 小叶子音乐教育联合上海音乐出版社发布AI互动版汤普森钢琴课程。小叶子与上海音乐出版社达成战略合作协议，双方将在多年版权合作的友好基础上，进一步扩大双方合作领域，强强联手，一起拓展更多科技赋能音乐教育的可能。

为帮助K12在线教育品牌更加清晰地了解目标用户，明确用户决策的路径，探寻未来时代的发力点，腾讯广告教育团队携腾讯用户研究与体验设计部（CDC）、腾讯数平画像团队发布《K12在线教育行业广告策略用户调研报告》，全面解读K12在线教育用户群体画像和行为偏好，剖析用户决策的影响因素与利益诉求点，拆解细分市场特征差异，为K12在线教育机构新增长提供有效指引。

在线少儿英语教育品牌深圳市阿卡索资讯股份有限公司宣布已完成亿元级C3轮融资，由头部券商领投，四家机构跟投。据阿卡索相关负责人透露，本轮融资将主要用于扩大外教招聘规模和教材内容的研发，进一步推进阿卡索在线英语普及化战略。此次融资是阿卡索自2016年以来的第七轮融资。

31 云南省出台了《云南省初中学生体育音乐美术考试方案（征求意见稿）》，体育100分的详细构成首次曝光。《方案》的最大亮点是注重考试的过程性，中考体育将由原来的"三年一考"变为"一年两考"，避免"一考定成绩"。体育考试分三年六次进行，每学期均采用"随时考"和"定时考"相结合的方式。"随时考"是指学生结合自身身体状况，在规定时间内随时与考务人员预约考试。"定时考"是指在规定时间内，以学校为单位，每三周组织开展一次测试。100分由初一20分、初二40分、初三40分三部分构成，每学年得分均由上学期得分、下学期得分和竞赛加分组成。体育考试内容将包括：基础体能测试、专项技能测试、体质健康监测和竞赛加分四部分。基础体能测试包括：男生必测4项目——1分钟跳绳、50米跑、15米X4折返跑、1000米跑；选测项目可六选二：引体向上、坐位体前屈、200米游泳（泳姿不限）、立定跳远、投掷实心球、100米跑。女生必测四项目——1分钟跳绳、50米跑、15米X4折返跑、800米跑；选测项目可六选二：1分钟仰卧起坐、坐位体前屈、200米游泳（泳姿不限）、立定跳远、投掷实心球、100米跑。专项技能测试包括：足球、篮球、排球、羽毛球、乒乓球、网球、武术、体操等项目（N选二，其中：三大球至少选一项）。体质健康监测包括：体重身高指数（BMI）、肺活量体重指数、视力。竞赛加分为参加相应的体育竞赛获得的加分。

11月 / November

02 长沙"橡皮筋"宣布已无法继续经营并将无限期停课,不少家长收到长沙橡皮筋艺术培训机构的停课通知,目前共涉及约1200名学员的学费,金额达上千万元。

国家体育总局体育经济司发布2019年全国体育场地统计调查数据。截至2019年年底,全国体育场地共354.44万个,体育场面积共计29.17亿平方米,人均体育场地面积2.08平方米。

03 教育部、国家统计局、财政部发布2019年全国教育经费执行情况统计公告。公告显示,2019年全国教育经费总投入为50178.12亿元,首次超过5万亿元,比上年的46143.00亿元增长8.74%。

天猫"双11"教育类目预售总排名发布,斑马AI课登顶K12赛道,至慧学堂、作业帮直播课、猿辅导依次位列前二至四;豌豆思维则在尾款人最后的支付日发起冲刺,成交日环比增加912%,创下单日增速最快。叽里呱啦、猿辅导、瓜瓜龙、瑞思作为首次参与天猫"双11"的教育机构,也纷纷入围中小幼培训品牌TOP10之列。

05 豌豆思维举办"豌·有引力猜想无界"战略升级发布会。发布会上，豌豆思维正式宣布完成1.8亿美元C轮融资，并与在线少儿英语品牌魔力耳朵正式合并，同时发布"豌豆+"战略，旨在打造中国2~12岁孩子一站式在线学习平台。

由教育部在线教育研究中心指导，中国质量认证中心与北京市高等教育学会联合举办的在线教育服务质量提升研讨会暨全国首批在线教育服务认证颁证仪式在京举行。研讨会上，中国质量认证中心副主任李国振为编程猫、网易有道、学而思及学堂在线四家机构颁发首批"在线教育服务认证"5A级认证证书。作为获得首批在线教育服务5A级认证的企业，编程猫表示，将与各界力量一起不断提升在线教育服务的质量，以好工具、好老师、好课程为目标，为孩子们提供更有价值的教育。

06 早教品牌巧虎的母公司倍乐生公布了2021上半财年（2020年4月1日至9月30日）财报，报告披露，截至2020年9月30日，倍乐生上半财年净收入同比下降7%，从2019年同期的2247.27亿日元降至2089.46亿日元；净利润为22.74亿日元，去年同期则为83.78亿日元。截至2020年10月，Global Kodomo Challenge（国际早教事业）在中国内地的注册人数为110万，相较于去年同期，减少40万；台湾地区注册用户为100万，比2019年同期增长10万。截至2020年，日本注册人数则为83万。

07 豆神教育正式发布豆神魔法教室。魔法教室是A股上市公司豆神教育（原立思辰）重点孵化的、以新媒体课程为核心的教育科技企业，汇聚了国内外名校硕博出身的专业技术团队和教研教学团队，以前沿交互技术为呈现载体，力图构建丰富立体的课堂及课后活动，创设多人同时互动的情景体验式课堂。魔法教室还发布了三大课程体验形式，即数字课程、密室逃脱和数字博物馆。

09 在线中文教育公司LingoAce完成1300万美元A轮融资，领投方为顺为资本、红杉资本（新加坡），德迅资本跟投。资金主要用于产品的研发迭代，以及加强学员交互式学习体验。过去一年，LingoAce月现金收入增长了20倍。LingoAce创始人兼CEO姚辉预估，行业第一名未来至少占据50%市场份额，预计可实现20亿—50亿元的年收入。

12 K12教育供给平台爱学习教育集团宣布获得近2亿美元D2轮投资，由GIC领投，华平资本等原股东跟投，融资资金将用于继续加大科技和教研投入，不断创新和完善教育产品，赋能低线城市线下教培机构，助力更多低线城市教培机构转型OMO。此轮融资完成后，爱学习教育集团D轮整体融资超过3亿美金。

13 瑞思公布截至2020年9月30日的第三季度未经审计财务报告。财报显示，瑞思第三季度实现了3.2亿元总营收，

11月 / November

环比增长94%，净利润转正至2800万元，正在逐步提速恢复。总营收中来自课程的收入为2.936亿元，环比增长93.9%，同比下降12.3%，主要是由于线下业务的恢复以及上线课程的推出。截至2020年9月30日，瑞思学习中心总数为496家，包括90家直营学习中心和406家加盟学习中心，较第二季度相比增加11个，其中直营中心新增2家，加盟学习中心新增9家。

达内科技公布了2020年第三季度未经审计的财务业绩，财报披露，集团第三季度净收入从2019年同期的6.59亿元降至6.21亿元，下降了5.8%；K12教育业务的学生总注册人数达到122800人，同比增长62.0%；K12教育业务净收入从2019年同期的1.18亿元增至2.87亿元，同比增长146.0%，占2020年第三季度总净收入的46.6%。

15

优胜教育通过公众号向社会大众汇报了近阶段工作进展，已开展一轮补偿，补偿金额达9000多万元。优胜教育表示：虽然目前公司资金链断裂，但仍要以孩子教育不停学为原则开展所有工作。近期也有同行为了孩子们的教育以公益的形式伸出援助之手，所有援助均以补偿的方式提供给所有之前信赖优胜教育的孩子们，补偿方案会持续给予并叠加，直到超出剩余课时价值为止。感谢某锐、某翰、某文等实力机构的公益援助。截至目前，重庆、成都、广州、济南、沈阳、北京、天津等地区均已开展一轮补偿，初步统计补偿人数2万余人，补偿金额9000余万元。

16 好未来技术中台推出了一款教研神器——T-Creator情境化互动教学课件创作平台,帮助老师制作情境化互动教学课件。根据好未来方面介绍,T-Creator拥有一整套构成互动课件的基本元素,包括开放版权的图像、动画、音效、粒子效果、龙骨动画(即模拟真实骨骼动画)等,并且内置了可视化交互逻辑编辑器,老师们在T-Creator的帮助下,半个小时即可做出互动教学课件。当前,T-Creator已经在好未来各个业务线中投入使用,并将持续迭代,希望覆盖线上与线下教学中的绝大部分情境化互动教学场景。

18 在线素质教育平台麦苗之语宣布完成数千万元天使轮融资,投资方为民生投资,本轮融资主要用于产品升级以及规模拓展。麦苗之语创立于2017年,主要用户为4~12岁少儿,提供口才、主持、舞台剧表演等综合艺能培训。其中少儿口才表达在线直播课程上线仅两个月,平台注册用户数就突破万人,付费用户超过2000人。

19 爱学习教育集团宣布与北大培文教育文化产业集团达成战略合作,聚焦读写活动,致力于提升中小学生语文素养。爱学习教育集团(原高思教育集团)成立于2009年12月,合作机构覆盖全国31个省区市的1600多个县市,拥有2万余家合作机构,同比2019年增长100%,累计服务学员超2500万人次。现在,爱学习与北大培文共同发起"北大培文爱学习读写大会"活动,双方将共同传播科学的读写教育理念,挖掘青少年创作人才,助力中小学生阅读与写

11月 / November

作核心素养提升。

20

少儿编程头部企业编程猫宣布完成13亿元D轮融资。同时，这也是截至目前国内少儿编程领域内最大的一笔融资，累计融资25.5亿元。据悉，本轮融资由霸菱亚洲旗下基金领投，中信证券投资、金石投资、优山资本、温氏资本、远洋资本、大湾区基金、中银国际等跟投，高瓴资本、招银国际、中银集团旗下渤海中盛、粤科鑫泰等老股东持续跟投。2020年3月，编程猫单月营收达到1.27亿元。如今，单月营收突破2亿元，增长速度飞快。

企业级视频云服务商保利威宣布完成过亿元B轮融资。本轮融资由元禾控股旗下元禾重元领投，晨晖资本、山行资本、公司管理层及员工跟投。截至目前，保利威累计服务企业客户超过16万家，其中包括CCTV央视、新东方、好未来、中国建设银行、浦发银行、中国人保、太平洋保险、蔚来、戴尔、西门子等国内外知名龙头企业。

重庆五洲世纪文化传媒有限公司引进五家战略投资机构，重庆上创实业（集团）有限公司、重庆美源投资有限公司、泓沣（杭州）投资管理有限公司、江西东旭投资集团有限公司、重庆渝隆资产经营（集团）有限公司，融资超亿元。据悉，此次融资是该企业冲击主板上市的重要一步。五洲世纪传媒成立于2014年，系重庆五洲世纪文化产业投资集团控股子公司，主营业务为图书策划与发行、教育信息化建设、智慧阅读服务等。自成立以来，五洲世纪传媒已累计策划发行图书 10 亿余册，策划发行了"五洲彩虹名著""五洲作文""智慧鹰幼教""国学经典"等系列品牌图书；积极在教育信息化领域实施产业布局，推出 STEAM 创客教室、智能电子学生证、智慧校园整体解决方案等创新产品。

23 贵州省教育厅对黄兆情代表提出的《关于进一步促进民办学前教育健康发展的建议》做出答复：省委省政府高度重视发展学前教育，将学前教育列入每年十大民生工程，要求各级政府牢固树立"兜底线"意识，加快建立广覆盖、保基本、有质量的学前教育公共服务体系。截至 2019 年年底，全省共有幼儿园 10685 所，在园儿童 1545246 人，学前教育三年毛入园率达到 88%，比 2010 年提高 33 个百分点，提前四年达到国家普及目标，普惠率达 79.8%。

51Talk 发布截至 9 月 30 日的 2020 年第三季度财务业绩报告。财报数据显示，2020 财年 Q3 营收为 5.385 亿元，同比增长 31.8%；毛利率 72.8%，去年同期为 71.6%；净利润 3160 万元，去年同期净亏损 580 万元；非 GAAP 净利润为 3850 万元，去年同期为净亏损 230 万元；经营现金流入为 1.861 亿元，去年同期为 1.232 亿元。此外，本季度整体营收增加的主要原因是活跃学生人数为 338000 人，比去年的 258200 人增加了 30.9%，同时每个活跃学生的平均收入同比增长 0.7%。

11月 / November

24 安徽省综合防控儿童青少年近视工作联席会议第一次会议召开。据统计，2019年安徽省儿童青少年近视率较2018年下降了3.63个百分点。为减少校园里的"小眼镜"，安徽省要求开齐开足上好体育课以及布置体育家庭作业等，保障学生校内、校外体育锻炼每天不少于两小时。

26 在成都举办的"教育影响城市"2020教育产业发展大会上，天眼查联合红星新闻等权威机构发布《2020教育培训机构行业发展白皮书》，以数据全面分析了2020年特殊形势下教培行业的洗牌式格局。天眼查的数据专家在会上指出，2020年教培行业在经历2月份短暂低谷之后，整体呈现大步向前的趋势。截至10月，全国净增教培企业约34万家，同比上涨达22.5%，全国排名前五的省市依次为广东、山东、北京、江苏、四川，其中最多的广东达到38万余家。目前全国教培企业总数超过300万家，其中中小微是教培行业的主力军，注册资本在100万以下的企业达113万余家，100万~200万元的为64万多家。

25 儿童体育教育公司"牛牛成长"完成数百万美元A轮融资，投资方为顺为资本。本轮融资资金将用于人才供应链建设，以及教研和技术研发。牛牛成长在2017年成立，与传统体育教育公司不同的是，其采用上门小班课的模式，针对3~12岁儿童开设4~8人小班课。上课场地则是由家长自行在牛牛成长小程序中上传和拼班，确认场地满足可以上课的条件后，由牛牛成长派教练进行上课。目前平台积累了超过 4000 块可以上课的场地。目前在上海、深圳、成都、广州四个城市有线下上门小班课业务。

阿卡索宣布完成亿元级 C4 轮融资，由券商直投领投，数家机构跟投。据悉，本轮资金将用于继续扩大外教招聘规模，加大教研内容方面的投入，不断创新和优化教育产品，持续发力在线少儿英语市场。10 月底，阿卡索刚刚宣布获得 C3 轮融资，截至目前阿卡索已完成八轮融资。

27

教育行业 SaaS 服务商翼鸥教育宣布完成 2.65 亿美元 C 轮融资，由高瓴创投领投，腾讯、SIG、渶策资本和高成资本共同投资。融资资金将用于教育底层技术的积累和研发，推进 OMO 战略，助力教育信息化。这是翼鸥教育五个月内完成的第二轮融资。2020 年 7 月，翼鸥教育完成了由渶策资本独家投资的数千万美元 B 轮融资。前不久，翼鸥教育推出 ClassIn X 电子教室，旨在向教育行业提供简单却强大的线上线下融合教学解决方案。通过 ClassIn X 电子教室，能解决线下传统教学的"老难题"——数字化教学。

12月 December

03 精锐高端辅导举办主题为"全国领先的高端辅导"发布会,并发布集升学规划、学科辅导、学习力培养为一体的精锐高端辅导全新VIP升学辅导课程。精锐高端辅导在升学辅导中,秉持因材施教,专注1对1升学辅导十三年,曾在2013年,与世界顶级学府哈佛、北大达成战略合作,联合超百名教授建立"精锐高端辅导研究院",并创新性地提出"学习力理论"。

04 北京市海淀区教育委员会办公室印发了《北京市海淀区初中音乐、美术、信息技术、劳动技术学业水平考试实施方案》(以下简称《方案》),结合海淀区教学实际情况,将音乐、美术、信息技术等科目纳入初中学业水平测试。《方案》表示,初中音乐、美术、信息技术和劳动技术学业水平考试主要衡量学生达到国家规定学习要求的程度,考试内容包括:初中音乐——审美感知、艺术表现、文化理解、艺术创造;初中美术——"造型·表现""设计·应用""欣赏·评述""综合·探索";初中信息技术——信息技术基础、数据处理、程序设计、图像处理、音视频处理;初中劳动技术——木工、金工、电子技术。

洪恩教育发布截至2020年9月30日第三季度未经审计的

财务业绩报告。财报显示，洪恩教育2020年第三季度总收入为1.569亿元，同比增长141.3%；净利润为1060万元人民币，同比增长303.1%；毛利率为68.5%；本季度付费用户达到140万人，同比增长164.1%。洪恩教育成立于1996年，主要为3~8岁儿童提供多样化的创新教育产品和服务，旗下除点读笔和故事机等教育硬件外，还推出了一系列畅销的App产品，包括洪恩识字、洪恩数学、洪恩儿童英语、洪恩拼音拼读、洪恩双语绘本及洪恩故事等，为儿童提供独特、有互动和娱乐性的学习体验。

由多鲸资本联合阔知科技举办的ECS 2020中国教育资本年会在杭州广电开元名都大酒店如期举行。数十位重磅嘉宾主题演讲，上市企业家、投资人、独角鲸三大论坛，教育政策趋势、教育OMO、教育直播经济、教育信息化数字出版、企业数字化学习、教育项目路演六大分会场。群英荟萃，共享蟹宴，共探未来。

05 猿辅导旗下品牌猿编程宣布对其少儿编程课程进行升级，并成立"少儿编程研究院"。据介绍，猿编程已对现有课程完成初步升级，日后还将继续丰富各个年龄段的细分课程内容。对于4~6岁年龄段的少儿，猿编程将教学重点放在编程启蒙上，通过沉浸式AI互动课程和积木式编程语言，让学生在充满趣味的课堂中熟悉编程基础知识和操作，逐步培养编程思维；对于7~12岁年龄段的学生，猿编程将教授真正的代码语言编程；对于12岁以上可以熟练编程的学生，猿编程将设置专门的高级进阶课程，对学生进行拔高式培训。此外，猿编程携手海内外师资和心理学、数学、计算机学、教育学、编程科学、脑科学等多领域专家推出"少儿编程研究院"，打造"复合型课程内容"。

上海布鲁可科技集团有限公司正式宣布完成3.3亿元A轮融资，由源码资本、君联资本领投，高榕资本及部分原股东跟投。本轮融资将主要用于继续推动布鲁可积木的品牌升级及市场、渠道的深化拓展，以及集团下属其他板块，如数字化内容、B端教育、原创动画创作及发行等相关业务的进一步发展。布鲁可成立于2014年，致力于用创新科技，全面升级儿童玩乐学习场景，创造新一代儿童的成长方式，助力儿童成长。

06

历时4天的2020世界机器人大赛（WRC）总决赛在佛山市的潭州国际会展中心完美闭幕。MakeX机器人挑战赛是由童心制物主办的、中国本土的机器人赛事品牌，已连续5年成为WRC官方合作赛项。世界机器人大赛自2015年起已成功举办五届，共吸引全球20余个国家、近8万名选手参赛。此次大赛总会场面积达50000平方米，有近千支青少年队伍参赛，旨在通过竞赛活动激发全球青少年选手的研究创新精神，培养团队协作、策略分工、动手实践等综合能力，为广大参赛青少年提供一个国际化的创新展示平台。

卓越巧问教育与中国教育智库网以及亚洲幼教年会共同发布了《2020中国幼小衔接行业调研白皮书》，同时还公开了中国首份《4~5岁儿童注意力发展研究报告》。在白皮书中，卓越巧问教育深耕幼儿注意力领域，着手展开"斑马涂色实验"，尝试探讨儿童的注意力发展现状及如何培养，为幼小衔接阶段的从业群体答疑解惑。斑马涂色实验是国内首次针对4~5岁儿童开展的注意力个别化测验研究，卓越巧问教育采用"涂色"这一幼儿园大班常见的学习活动内容，更贴合儿童学习活动的实际情景，深入儿童心理学领域，填补了行业发展空白，也呼吁家长和幼小衔接行业从业者，要重视4~5岁年龄段孩子的注意力培养。

07

贝尔科教与大疆教育联合宣布达成战略合作，首个标志性落地项目已围绕Robo Master系列产品及配套课程和教材展开。未来，双方还将发挥各自的优势，在课程研发、机器人编程赛事、竞赛俱乐部等方面展开一系列深入合作。此次贝尔科教引入Robo Master全系列产品，为多元化的教学场景提供了更多选择，满足学员多层次的个性化需求。双方表示，未来还将围绕人工智能教育课程进行联合研发，加速双方优势的相互叠加、相互渗透，深度探索人工智能教育新领域。

红黄蓝教育公布了2020财年Q3未经审计的财务业绩。财报显示，截至2020年9月30日，红黄蓝第三季度，环比增长150%，同比下跌25.40%；归属于普通股东的净亏损为710万美元，而2019年第三季度为330万美元。红黄蓝在财报中表示，2020年新冠肺炎疫情对其上半年运营造成了不利影响，上半年红黄蓝净收入为3010万美元，较上年

12月 / December

同期的8780万美元下降了65.7%。但在疫情期间,红黄蓝积极调整运营策略,拓展OMO业务模式,到第三季度,营运收入已经实现了明显增长。Q3财报数据显示,红黄蓝第三季度净收入为3260万美元,归属于普通股东的净亏损为710万美元,较上半年净亏损1370.1万美元,亏损金额已大幅缩减。

SDMGROUP(08363.HK)发布公告,公告称将根据一般授权发行代价股份的方式收购童莘教育集团有限公司所有已发行普通股。DWEducationlimited作为卖方、SDMGROUP间接全资附属公司Brilliant Together Limited作为买方订立买卖协议,据此卖方有意向买方出售及转让待售股份,代价为4800.15万港元。

新产品森林AI课正式上线公测,累计超过500名学员先后参与了体验官活动。疫情期间,童画森林一手开展在线直播精品课堂,一手组建新产品研发团队,研发AI美术课程产品,期待将更优质的艺术教育用更高效、更普惠、更符合孩子兴趣的形式普及到更多的家庭。

08 教育部召开发布会,主要围绕"十三五"体育、美育和劳动教育的有关进展情况进行介绍。教育部体育卫生与艺术教育司王登峰司长表示,"'十三五'期间,从体育和美育的角度来讲,应该说发生了巨大的变化。"关于学校体育工作的保障条件的建设。王登峰司长主要介绍了三个方面的情况,一个是关于体育教师师资队伍建设的情况,

"十三五"期间,全国义务教育阶段,体育教师的人数从50.2万人增加到59.5万人,增加了9.3万人;从体育运动场地情况来看,"十三五"期间,小学和中学的体育运动场地达标率分别达到了90.22%和93.54%;关于学校体育运动意外伤害保险和处置机制方面的制度和体系逐渐完善。

10 北京晨语筝业教育科技有限公司(以下简称晨语筝业)完成由洪泰智造领投、个人投资人跟投的近千万元天使轮融资。此次融资是洪泰智造在教育赛道的重要布局,意在通过整合优势资源,促进中国传统音乐与教育市场有机融合。与此同时,公司即将启动 PreA 轮融资,具体融资计划将于近期公布。

11 数感星球已完成千万级 A 轮融资,领投方为好未来。本轮融资将用于加快产品迭代速度、沉淀教研能力,以更好服务于学生与家长。数感星球是一款专为孩子制作的算术辅导应用,拥有智能讲解、拍照批改、练习本、数学游戏等功能特色,聚焦于小学数学学科,提供自动批改、智能讲解、游戏训练、趣味练习等多种服务,利用可视化、游戏化、人工智能等技术,提升儿童数学学习效率,从而促进其数感意识、算术运算、几何图形、逻辑思维、生活应用五大维度能力的成长,目标是"让每个孩子都拥有专属的算术 AI 老师"。

12月 / December

12 宝贝王集团（以下简称宝贝王）在北京发布全新产品"宝贝王小小乐园"，为成长乐园启蒙版，主要面向0~3岁低幼儿童，打造有教育区、运动区、益智区及淘气堡等丰富场景的"儿童乐园＋启蒙教育"的复合业态。宝贝王隶属于万达集团，以儿童全程成长专家为定位，拥有宝贝王乐园、IP运营、网络教育三大板块。截至2020年年底，宝贝王乐园全国共开设298家，家庭会员超1400万人，全年接待1.56亿人次，每年举办上百档全国大型主题活动。

13 江苏省教育厅召开2020年度全省师德师风建设工作视频推进会，到2021年2月，江苏省教育厅将持续开展中小学师德师风突出问题专项治理，着力加强全省教师师德师风建设，努力建设一支师德高尚、业务精良、富有活力的新时代教师队伍。

15 少儿编程头部教育品牌核桃编程已完成C轮近亿美元融资，投资方有知名美元投资机构加入，主要老股东超额跟投。如消息属实，将打破少儿编程赛道最大C轮融资额纪录。睿艺就此向核桃编程求证，对方表示，"不予置评，一切以官方消息为准。"

港股上市公司华夏视听教育集团（以下简称华夏视听）发布公告，公司的全资附属公司碧城艺术咨询（南京）有限公司作为承让人于2020年12月19日订立协议，拟以人民币3亿元收购目标公司水木源画室（以下简称水木源）全部股权。公告显示,签署协议后,水木源创始人同意公司股权结构进行一系列重组。据悉,创始人将在中国境内成立一间有限责任公司(即目标公司),目标公司将收购水木源北京公司、杭州公司、济南公司、深圳艺术、深圳教育及大连公司全部股权,还将以水木源这一品牌面向美术艺考学员提供美术培训服务。

16 美术宝教育宣布完成D轮2.1亿美元融资,由睿思基金领投,达晨财智、盈睿资本、赛富基金、博佳资本、创致资本等跟投。泰合资本担任本轮融资独家财务顾问。本轮融资是目前中国素质教育领域最大的单笔融资,资金将主要用于多品类素质课程的研发,新渠道和新市场的拓展,产品和服务体验的升级,品牌建设,以及线上、线下融合的产业互联网探索。

18 青少儿音乐在线教育品牌商云音符已完成天使轮融资和Pre-A轮融资,融资金额合计5500万元,投资方暂未披露。云音符隶属于上海培羽教育科技有限公司,是一家从音乐考核培训出发并致力于多维度音乐教育的互联网平台。自2019年成立以来,云音符就致力于为4~18岁的青少年儿童提供沉浸式在线互动教学以及全方位线上音乐学习环境,在青少儿音乐教育领域持续探索用户需求,不断完善自身产品体系构建。